Giova Lavalle

# Dans la tourmente

**Giova Lavalle**

# Dans la tourmente

## La guerre de 14/18 vue à travers le regard d'un jeune journaliste

**Éditions Muse**

**Imprint**
Any brand names and product names mentioned in this book are subject to trademark, brand or patent protection and are trademarks or registered trademarks of their respective holders. The use of brand names, product names, common names, trade names, product descriptions etc. even without a particular marking in this work is in no way to be construed to mean that such names may be regarded as unrestricted in respect of trademark and brand protection legislation and could thus be used by anyone.

Cover image: www.ingimage.com

Publisher:
Éditions Muse
is a trademark of
International Book Market Service Ltd., member of OmniScriptum Publishing Group
17 Meldrum Street, Beau Bassin 71504, Mauritius

Printed at: see last page
**ISBN: 978-620-2-29275-7**

# 1

Sur le boulevard des Italiens, Jules avait pris la main de sa sœur Catherine. L'adolescent de 16 ans savait se faufiler avec habileté entre les nombreux promeneurs.

Et ce 31 juillet 1914, il y en avait sur le boulevard. En cette fin d'après-midi, avec un temps doux, et la brise légère chassaient enfin les étouffantes chaleurs de la journée.

Catherine riait de bonheur en secouant sa longue chevelure couleur miel. Malgré ses 14 ans, elle avait déjà l'allure d'une jeune fille. Elle ne se lassait pas de l'atmosphère du boulevard, le soir. Ses yeux bleus n'étaient pas assez grands pour capter les imposantes capelines fleuries que portaient les femmes. C'était si seyant... Comme il lui tardait d'être en âge d'en porter, elle aussi. 14 ans ! C'était vraiment l'âge ingrat. Plus une enfant, mais pas tout à fait une femme.

Déjà trop, de l'avis de son frère ! Tous ces regards masculins qui s'attardaient sur sa sœur..., il ne supportait pas. Ces femmes, qui se pendaient languissantes et rieuses à leurs bras, ne leur suffisaient donc pas ?

Il tirait Catherine derrière lui, pressé d'arriver.

Devant le Café Anglais, la foule était plus dense.

- Allons, ne traîne pas, grogna Jules.

- Tu marches trop vite, se plaignit Catherine.

- Normal. J'ai de plus grandes jambes que toi ! répliqua son frère. Et puis, si tu n'avançais pas le nez en l'air nous ne serions pas obligés de courir pour rattraper ton retard.

- Je ne suis jamais en retard, répliqua-t-elle d'un ton mordant. Mademoiselle Renan arrive toujours après moi.

- Évidemment ! C'est une grande comédienne, célèbre, elle ! Et les célébrités se font toujours attendre.

- Eh bien, quand je serai moi aussi une comédienne reconnue, je ferai le contraire. Je serai toujours la première au théâtre. Première sur scène, première dans les coulisses.

- Très bien, répondit Jules avec fatalisme. Mais plutôt que de rêver, avance. Tu as des costumes à repasser.

Catherine haussa les épaules, excédée.

- Il faut toujours que tu te moques ! Inutile de me rappeler que je ne suis qu'une habilleuse. Pour l'instant, ajouta-t-elle. Mais, tu sais, beaucoup de comédiennes célèbres ont commencé comme ça. Ce qu'il faut, c'est avoir un pied dans le théâtre. Ensuite, c'est une question de talent.

Là, pour le coup, Jules éclata de rire.

- Parce que tu en as du talent, toi ?

- Parce que tu peux dire que je n'en ai pas, toi ? répliqua Catherine, véhémente. Et puis, j'en ai assez que tu me traites toujours comme une petite fille. J'ai 14 ans, tout de même. Et tu n'en as que 16 !

- Ce qui fait que je suis ton aîné et que père t'a confiée à moi.

Quel caractère, sa sœur ! Mais aussi quelle ténacité ! Elle ne lâcherait pas. Et malgré toutes les embûches du métier qu'elle s'était choisi, il souhaitait sa réussite.

Ah ! Ils étaient bien du même sang ! N'affichait-il pas, à 16 ans, la même hargne à devenir journaliste ? Etait-ce aussi utopique que le métier d'actrice ?

Passé le Café Anglais, ils traversèrent la rue Richelieu. Le théâtre des Variétés n'était plus très loin, sur le boulevard. Ils bifurquèrent dans le passage des Panoramas pour atteindre l'entrée des artistes qui s'y trouvait. Leur père, Gaston Corseaux, avait revêtu sa casquette de concierge et se tenait fièrement dans sa guérite vitrée, à l'entrée du long couloir qui menait aux loges.

- Ah ! Mes enfants ! s'exclama-t-il, joyeux.

N'étaient-ils pas son seul bonheur, son unique consolation depuis le décès de son épouse, morte en mettant Catherine au monde ? Deux enfants si rapprochés… La santé de la pauvre femme n'y avait pas résisté.

Parent et enfants s'étaient quittés voici deux heures, mais ils s'embrassaient comme s'ils ne s'étaient pas vus depuis huit jours. Il y avait une sacrée dose d'amour dans cette famille.

- Tu as tes joues toutes roses d'excitation, fit-il à sa fille, en pinçant son frais minois.

- Ah ! Père… Le boulevard est si joyeux, si léger. On en aurait envie de danser.

- Eh bien, va danser dans la loge de Melle Renan.

- J'y cours, père.

Elle se suspendit au cou de son frère, plaqua deux baisers sonores sur le timide duvet de son visage.

- À demain matin. Travaille bien !

D'une pirouette, elle s'éclipsa dans le couloir et grimpa quatre à quatre les escaliers jusqu'au premier étage.

Jules la suivit du regard, jusqu'à ce que ses fines bottines, émergeant des jupons, disparaissent de sa vue. Il se tourna alors vers son père.

- Je plains son habilleuse quand elle sera une comédienne célèbre.

Le père Gaston eut une moue soucieuse.

- Quel malheur que Catherine ait choisi cette voie.

Jules éclata de rire.

- Elle y arrivera. Je ne me fais aucun souci pour ma sœur.

- Moi, si. C'est si difficile pour une femme. Ce milieu du théâtre est certes chatoyant, attirant. Mais les dessous ne sont pas jolis, jolis.

- Fais-lui confiance, père. Avec le caractère qu'elle a, Catherine saura se tirer de toutes les situations embarrassantes.

Il déposa un baiser sur la joue fripée.

- Il faut que j'y aille.

Jules fit demi-tour, mais revint sur ses pas rapidement pour se planter à nouveau devant son père.

- Et pour moi, tu ne t'inquiètes pas ?

- Même si dans le métier de journaliste, les places sont chères, tu es un garçon, Jules. C'est tellement plus facile.

D'une main affectueuse, il tapota le visage de son fils.

- J'ai confiance en toi.

Jules eut un sourire heureux et fila rapidement, sous le regard affectueux de Gaston. De toutes façons, se dit-il en courant, si je ne suis pas journaliste, je serai aviateur. Ces drôles de machines volantes le fascinaient. Et plus encore les exploits des premiers aventuriers des airs. Des hommes, tels que Roland Garros qui avait traversé la Méditerranée l'année dernière, ou Adolphe Pégoud et ses acrobaties vertigineuses, des vols sur le dos de l'appareil, des loopings, ou encore Védrine, récent vainqueur d'un Paris-Madrid, auquel il rêvait de ressembler.

Védrine… Ça c'était quelqu'un ! La preuve : la société cinématographique Eclair avait fait un film de sa vie et l'aviateur y jouait son propre rôle.Il se prit à se substituer à Védrine : il aurait pu faire engager sa sœur…

Et oui ! Elle ambitionnait de devenir comédienne !

Depuis un an, Julesl travaillait dans la presse comme simple porte-dépèches, courant d'un bureau à l'autre, du marbre aux ministères.

Il remonta le boulevard jusqu'à la rue Montmartre qu'il prit à droite.

Les locaux de l'Humanité, le journal dans lequel il avait été embauché, y avait ses locaux. Aujourd'hui, il était de nuit.

Passé le boulevard, envolée la frivolité ! On entrait dans le quartier des journaux : le Constitutionnel, le Petit Journal, le Journal des Voyages, le Gaulois, le Soleil, Le Figaro, la Dépêche, l'Eclair, l'Intransigeant, Le Siècle, et un des derniers nés, fondé par le socialiste Jean Jaurès, l'Humanité.

Ici, on se pressait, on courait des dépêches à la main. Ici, il fallait aller aussi vite que l'actualité. Et ces derniers mois, elle avait plutôt tendance à prendre de court les plus zélés des journalistes et autres employés aux écritures.

- Et alors, on te cherche partout, s'écria le portier en le voyant débouler dans le hall à toute allure.

- Je suis là !

- Monte à la rédaction. Grouille ! Serbantin t'attend. Il est d'une humeur massacrante.

Rien de bien nouveau, pensa Jules en s'élançant dans l'escalier. Depuis l'assassinat de l'archiduc autrichien François-Ferdinand et de son épouse à Sarajevo le 28 juin, le journaliste Serbantin était sur des charbons ardents.

- Ah ! Te voilà enfin ! s'exclama celui-ci en voyant apparaître le garçon. Veux-tu que je te dise : tu ne seras jamais un grand journaliste. Pourquoi ? parce que tu es toujours en retard. Or, un journaliste se doit d'être le premier sur l'événement.

Cet homme adorait donner des leçons, surtout aux débutants comme Jules. Mais celui-ci ne se laissait pas faire.

- Faux, monsieur Serbantin. Je ne suis pas TOUJOURS en retard, mais QUELQUES FOIS en retard. Ce qui fait une sacrée différence.

À 30 ans, le journaliste n'appréciait pas qu'un petit blanc-bec lui tienne tête. Et pourtant avec Jules il n'arrivait jamais à se mettre vraiment en colère.

Il le toisa cependant, le sourcil froncé et hocha la tête.

- Il faut toujours que tu aies le dernier mot, hein ?
- Essayez-moi comme rédacteur. Et vous verrez que mes mots font mouche. De plus, je suis sérieux et efficace et je sais écrire.

- Trop jeune, maugréa Serbantin en lui tendant un paquet de feuillets. En attendant, porte ça au marbre. Dis à Joseph que c'est pour la une.

Jules se précipita au sous-sol. Il adorait l'odeur d'encre et de papier de cette grande salle où les typographes composaient les textes.

Il se dirigea vers la table de Joseph.

- Tiens ! C'est pour toi, dit-il en posant les feuilles couvertes d'une fine écriture à l'encre noire.

- Ah la la… Depuis ces menaces de guerre, il faudrait travailler 24 heures sur 24, se plaignit le typo. J'espère que l'article que tu m'apportes est au sujet du meeting socialiste interdit à Wagram,? Je l'attends depuis hier. Bientôt, ce ne sera plus la peine d'en faire état. C'est qu'en ce moment, les nouvelles se bousculent.

Tout en bavardant, il continuait à travailler. Fasciné, Jules regardait les mains qui virevoltaient du casier où étaient rangées les lettres de plomb au cadre dans lequel elles s'inséraient pour composer le texte qui serait ensuite imprimé.

Et pourquoi pas typographe ? pensa-t-il. Fabriquer les mots que des milliers de gens liront, ce n'était pas mal non plus.

Joseph soupira.

- Mon pauvre petit. L'avenir n'est pas rose pour des jeunes comme toi. Tu ne te rends pas compte que depuis 40 ans, l'Europe n'a pas été dans une situation aussi tragique.

- Il n'y aura pas la guerre, Joseph. Monsieur Jaurès s'y oppose.

- Ah ! La bonne blague ! Tu crois qu'il a suffisamment de pouvoir pour arrêter la marche des évènements, le patron ?

Jules se renfrogna.

- Tout de même… C'est quelqu'un, monsieur Jaurès.

Comment pouvait-on mettre en doute l'influence du fondateur d'un aussi grand quotidien ? Jules eut une moue déçue. Non, pas typo ! Ils ne comprenaient rien à ce qui se décidait dans les bureaux, là-haut. Il s'en retourna à la salle de rédaction où Serbantin devait déjà piaffer.

## 2

C'était une vraie ruche. Les journalistes couraient dans tous les sens, s'invectivaient, s'énervaient sur le télégraphe, criaient au téléphone, et malmenaient les secrétaires.

Serbantin, assis de guingois à sa table, grattait du papier. Sa plume allait de l'encrier à la feuille blanche sur laquelle elle courait. Jules l'observait avec acuité. Un jour, il s'assiérait comme lui pour écrire et écrire encore…

Le journaliste releva à peine la tête vers lui.

- Tiens ! Vas porter ça au patron.

Jules frémit. À monsieur Jaurès en personne ? La première fois qu'il approcherait le patron. Ce n'était pas si facile. C'était un homme si occupé, si demandé.

- Dans son bureau ? demanda-t-il tremblant d'espoir.

- Mais non, jeune naïf ! Il dîne au café du Croissant, en face. Il attend cet article pour l'approuver ou le corriger avant de l'envoyer à l'impression.

Debout, appuyé à la table, Jules attendit patiemment que le journaliste ait terminé la rédaction de sa copie. Il se faisait bousculer par tous ceux qui passaient par là.

- Sors du passage, tu gênes ! réclamaient les employés de tous bords.

Enfin, Serbantin appliqua le buvard sur ses pattes de mouche et plia la feuille avant de la tendre au garçon.

- Fais vite, c'est urgent.

- Comme toujours ! répliqua Jules avant de foncer à travers la salle vers la sortie.

Tout excité, il bondit dans l'escalier, dévala les marches quatre à quatre et heurta Fernand qui grimpait aussi vite.

Fernand, à 23 ans, était déjà journaliste. Il collaborait à la rubrique que l'on appelait "les chiens écrasés"; les faits divers, les petites nouvelles quotidiennes. Malgré la différence d'âge, les deux garçons avaient sympathisé. Fernand avait tout de suite été intrigué par la maturité du jeune Jules.

Ils s'immobilisèrent tous les deux au milieu de l'escalier.

- T'as l'air pressé ?

- Toi aussi.

- En ce moment, ils sont tous fous, se plaignit Fernand. Tu vas où comme ça ?

- Porter ça au patron.

- De la part de Serbantin ?

Jules acquiesça d'un hochement de tête.

- Alors, t'as intérêt à faire vite, fit Fernand en riant. Serbantin c'est le plus excité de toute la bande. Allez ! À tout à l'heure.

Jules reprit sa course, passa devant le portier tel un éclair et déboula dans la rue Montmartre. Il y régnait à peu près la même fébrilité qu'à la rédaction du journal. Des hommes affairés discutaient âprement, se croisaient pressés, se saluaient sans s'arrêter. Et au milieu de cette activité débridée, quelques couples de bourgeois se dirigeaient, nonchalants, vers le boulevard, les théâtres, les cafés.

Jules traversa la rue. Le café du Croissant était le rendez-vous de tous les journalistes du quartier. Ça entrait et sortait constamment. Le garçon se glissa dans la salle.

Quelques dîneurs à la mine grave étaient attablés. Il régnait une ambiance feutrée. On discutait à voix basse. Les garçons, gilet noir et long tablier blanc, le plateau à la main, circulaient sur la pointe des pieds.

D'un regard, Jules fit le tour de l'assemblée. Ah ! Voilà ! Le patron était assis, dos à une fenêtre ouverte sur la rue. Les journalistes le saluaient respectueusement. Il serrait la main de quelques privilégiés.

Pétri de timidité, Jules s'avança. Dans l'assiette de Jaurès il vit une appétissante tarte aux fraises. Assis à ses côtés, un journaliste de l'Humanité, que Jules connaissait, lui tendait une photo.

- Ma fille.

- Quel âge a-t-elle ? demanda le grand homme.

Jules fut surpris de sa belle voix grave. Il attendait que Jaurès le remarque pour lui tendre son feuillet.

Que se passa-t-il à ce moment-là ? Jules entendit deux claquements secs qu'il ne sut identifier. Devant lui, Jaurès s'effondra en avant, le front contre la table.

Une femme, qui dînait à la table voisine, se dressa brutalement en hurlant.

- Ils ont tué Jaurès !

Jules, pétrifié, à deux pas du drame, les yeux exorbités sur le patron figé dans une posture effrayante, comprit alors qu'il venait d'entendre deux coups de feu.

Autour de lui, succédant à la stupeur, c'était la confusion la plus totale. Tout le monde était debout, criant, pleurant, se lamentant. Les journalistes présents se précipitèrent vers le tribun.

- Il faut l'allonger… Attention… doucement… Là… comme ça… Il faut un médecin… Allez chercher un médecin…

- J'y vais ! s'écria Jules en courant déjà vers la sortie.

Bloquant la porte, les gens s'étaient agglutinés pour tenter de voir ce qui se passait.

- Pardon… pardon… Laissez-moi sortir, cria Jules en jouant des coudes.

- C'est vrai, petit, qu'on a tiré sur Jaurès Comment va-t-il ?… Est-il…

Il réussit enfin à atteindre la chaussée et se trouva face à un groupe d'hommes déterminés, maintenaient un homme le révolver encore entre ses doigts. Tout le monde parlait en même temps.

- On a tiré sur Jaurès… Oh ! Mon Dieu… Mais qui ? Est-ce qu'il est mort ?…

Tous parlaient à la fois. Pour toute réponse, Jules cria :

- Un médecin, vite ? Y a-t-il un médecin ici ?

Un homme, le canotier sur l'oreille, la canne à la main, fendit la foule des curieux.

- Moi…

- Suivez-moi, fit vivement Jules en filant vers le café.

À nouveau, il fallut faire le forcing pour entrer. Un homme se précipita vers eux.

- Par ici… par ici…

Ils le suivirent jusqu'à la table sur laquelle Jaurès était étendu, entouré de journalistes anxieux. Aucun gémissement de douleur ne sortait de ses lèvres, aucun signe de souffrance secouait son corps.

Le médecin se pencha, l'examina. Une des balles était entrée à l'arrière du crâne. Son examen ne fut pas long. Il se redressa, pâle, le regard noyé de larmes.

- Messieurs, diagnostiqua-t-il d'une voix éteinte, monsieur Jaurès est mort.

****

Le lendemain matin, le petit déjeuner chez les Corseaux fut lugubre. D'habitude, Catherine avait toujours quelque caprice de Melle Renan à raconter; Jules toujours une nouvelle à annoncer. Mais ce matin, il ne se remettait pas des évènements tragiques dont il avait été le témoin privilégié, et sa sœur respectait son silence.

Le père avala bruyamment une lampée de café chaud. Il ne voulait pas alarmer ses enfants, mais il la sentait là, à leur porte, cette guerre qu'on leur agitait comme un épouvantail depuis quelques mois. Celle de 1870 il l'avait vécue bébé et ne pouvait s'en souvenir. Mais son père lui avait raconté que les Parisiens avaient mangé du rat, parce qu'il n'y avait plus rien. Plus de pain, plus de pommes de terre, plus de navets, de carottes… rien !

Il reposa brutalement sa cuillère sur la table de bois. Catherine sursauta.

- Qu'est-ce qu'il y a, père ?
- Rien, rien… maugréa-t-il.

Eh bien, s'il le fallait, il le ferait. Il traquerait les rats des égouts pour que ses petits ne meurent pas de faim.

Catherine se leva pour débarrasser. Elle le faisait avec des gestes doux, furtifs, sans entrain. Puis, elle prit le panier à provisions.

- Je vais aux courses, annonça-t-elle.

Gaston eut envie de lui dire de crever le budget, d'acheter du sucre, de l'huile, des pommes de terre, pendant qu'il était encore temps. Mais il s'abstint. Surtout ne pas les inquiéter.

Jules se leva à son tour.

- Il faut que j'aille au journal voir ce qui s'y passe.

Il les embrassa. La porte claqua. Il dévala les trois étages de leur immeuble à Saint Ouen. D'habitude, il descendait jusqu'à la rue Montmartre à pied, pour faire l'économie d'un ticket d'omnibus. Mais ce matin, il sauta dans le premier qui passait.

Dans les locaux de l'Humanité, ce n'était que confusion et désespoir. Dans les couloirs, les conciliabules à voix basse regroupaient trois ou quatre employés; dans la salle de rédaction, les journalistes s'affairaient, couraient aux nouvelles, écrivaient quelques articles, palabraient à n'en plus finir.

Dans les propos survoltés que Jules captait dans ses allées et venues, tout se mélangeait : l'assassinat du patron, le nom du meurtrier, un certain Raoul Villain arrêté aussitôt, les rumeurs de guerre.

Serbantin ne s'était pas couché de la nuit. Il accapara Jules et ne le lâcha plus. Les dépêches se succédaient, arrivant du ministère de la Défense, de celui des Affaires Etrangères, de la présidence du Conseil et même de l'Elysée.

Jules se démena toute la journée entre les déclarations de Raymond Poincarré, Président de la République, et celles des différents ministres et négociateurs. Il essayait de comprendre, de se représenter la gravité de la situation, mais tout allait trop vite. Il ne pouvait que courir de l'un à l'autre. L'Allemagne, l'Angleterre, la Russie, l'Autriche, la Belgique, l'Italie, la France, toute l'Europe était concernée par les menaces de guerre.

- Tu y crois, toi ? demanda-t-il à Fernand quand il le croisa.
- Maintenant qu'ils ont tué Jaurès…
- J'étais là. Ça c'est passé devant moi. C'était épouvantable.
- Un si grand homme, murmura son ami en s'éloignant.

Cloué à sa table par le travail, Serbantin était aux cent coups.

- À l'heure qu'il est, la plupart des nations ont mobilisé leurs forces, répétait-il excédé. Qu'attend la France ?

Ces mots jetaient sur Jules une chape de plomb. La guerre, on y allait donc… Ah ! Si Jaurès avait été là !

Il en était là de ses réflexions désabusées quand le journaliste, sans relever la tête, l'apostropha.

- Eh bien ! Qu'est-ce que tu fiches ? Va chercher les dépêches.

Jules ne se le fit pas dire deux fois. Il revint bientôt en courant, posa les fiches sur la table. Serbantin s'en empara, les parcourut rapidement et soudain sauta de sa chaise comme un diable en brandissant un papier.

- Ça y est ! Ecoutez ça ! brailla-t-il.

Il grimpa sur la table et lut à haute voix.

- "Depuis quelques jours, l'état de l'Europe s'est considérablement aggravé et, en dépit des efforts de notre diplomatie, l'horizon s'est assombri. La France a pris, dès maintenant, les premières dispositions indispensables à la sauvegarde de son territoire par un décret de mobilisation."

Le mutisme des journalistes fut brisé d'un "oh" consterné. Serbantin continua.

- "La mobilisation n'est pas la guerre. Elle apparaît comme le meilleur moyen d'assurer la paix dans l'honneur. Le gouvernement compte sur le patriotisme de tous les Français et sait qu'il n'en ait pas un seul qui ne soit prêt à faire son devoir."

Sa voix s'éteignit dans un silence sidéré. Toute la rédaction, était pétrifiée. Après quelques secondes d'ébétitude longues comme un jour sans pain, têtes basses, pensifs, les uns après les autres, ils regagnèrent leurs places.

Serbantin sauta à bas de la table et se laissa tomber sur sa chaise en marmonnant :

- Enfin, ils se décident.

Jules, immobile devant lui, restait anéanti par la nouvelle. Après quelques secondes, Serbantin leva les yeux sur lui et jeta :

- Allez, rentre chez toi.
- Mais je peux être utile ici, répliqua-t-il.
- À quoi ? marmonna le journaliste.
- Il va y avoir beaucoup d'articles à écrire.
- Rentre chez toi, je te dis, répéta Serbantin.

Jules sortit de la salle désappointé et courut jusqu'au boulevard. Les Parisiens s'agglutinaient devant les ordres de mobilisation placardés un peu partout. Certains pleuraient; d'autres, confiants et revanchards (la défaite de 1870 n'était pas si loin) manifestaient bruyamment leur joie.

- On va les avoir, criaient-ils, excités.

Les femmes s'éloignaient, accablées, pensant déjà aux morts et aux blessés.

Jules bifurqua à gauche et arriva essoufflé devant le théâtre des Variétés.

Les grilles fermées s'ornaient d'un papier blanc qu'il lut.

"Par suite de mobilisation générale, le théâtre sera fermé jusqu'à nouvel ordre."

Alors, il sauta dans le premier omnibus pour Saint Ouen.

****

Dans leur petit appartement tout près du marché aux Puces, le temps s'était arrêté. Et pourtant, tout paraissait comme d'habitude. Catherine, assise près de la fenêtre, raccommodait une harde; le père, la mine sombre, se préparait comme à l'accoutumé à partir au théâtre. L'inhabituel, c'était le silence pesant.

- Tu peux ôter ta veste, père, prévint Jules. Le théâtre est fermé.

L'aiguille de Catherine resta en suspens. Elle posa sur son frère un regard chargé d'inquiétude.

Le garçon raconta ce qu'il avait vu sur le boulevard. Gaston sentait la peur gagner la maisonnée. Il fallait réagir. Il s'approcha de ses enfants, entoura leurs épaules de ses bras, les serra contre lui.

- Allons... allons... Ne soyons pas pessimistes. Comme le dit le président du Conseil : la mobilisation n'est pas la guerre.

Mais ses paroles réconfortantes ne reflétaient en aucune façon le fond de sa pensée.

Ce n'est que le surlendemain, le 3 août, que l'Allemagne déclara la guerre à la France.

Catherine éclata en sanglots.

- Qu'allons-nous devenir ?

Et là encore, Gaston se fit rassurant.

- Tu ne devrais pas te lamenter. Notre famille a beaucoup de chance, vois-tu. Aucun de nous deux ne partira à la guerre. Ton frère est trop jeune, et moi, je suis trop vieux.

Catherine essuya ses larmes d'un revers de main et darda son regard bleu sur son père.

- Mais alors, qu'allons-nous faire ? demanda la jeune fille.

- Nous battre nous aussi. Mais à notre manière.

# 3

Jules avait décidé d'aller dans Paris voir ce qui se passait.

- Je vais avec toi, décréta sa sœur.
- Je ne pense pas que ce soit une bonne idée, objecta le père.
- Je suis avec Jules. Qu'est-ce qu'il peut m'arriver ?
- Les gens sont excités. On ne sait jamais.

Jules vint à la rescousse de sa sœur.

- Je veillerai sur elle, papa, je te le promets.

Ils descendirent donc ensemble jusqu'à la place de l'Opéra.

- C'est ici, au cœur de la capitale, que les choses vont se passer, avait décrété Jules.

- Qu'est-ce que tu crois qu'il y aura ? demanda Catherine.
- Je ne sais pas. Mais mon flair de futur journaliste me dit qu'il faut être sur place pour vivre l'événement de l'intérieur.

Plus ils approchaient, plus il y avait de monde. Des cortèges entiers, pancartes dressées, drapeaux déployés, convergeaient vers l'Opéra.

- Donne-moi la main et ne me lâche pas, ordonna Jules.

N'avait-il pas promis au père de veiller sur Catherine, en grand frère responsable ?

Aux approches de la gare Saint Lazare il régnait le plus grand désordre. Les manifestants encombraient la chaussée coupant la circulation. Les omnibus klaxonnaient, les chevaux piaffaient, les Parisiens hurlaient : "À Berlin ! À Berlin !"

Le frère et la sœur se laissèrent porter par la foule qui convergeait vers la place de l'Opéra, tandis que d'autres remontaient vers Clichy dans la plus complète désorganisation.

Jules et Catherine, main dans la main, se faufilaient comme ils pouvaient. Les magasins, prudents, avaient baissé leurs rideaux de fer. Les cafés étaient bondés.

- C'est incompréhensible, remarqua Catherine. On dirait une fête.

- Tu as parfaitement raison, répondit son frère en lorgnant les cortèges joyeux qui les entraînaient et les nombreux policiers qui

n'avaient aucune occasion d'intervenir et se contentaient de surveiller les possibles débordements.

Enfin, ils atteignirent la place de l'Opéra, noire de monde. Au-dessus des têtes, ce n'était qu'une forêt de pancartes et de drapeaux.

Et soudain, sans qu'on sache d'où l'impulsion était partie, un chant s'éleva. "La victoire en chantant...". D'abord quelques voix de la droite, puis d'autres venant renforcer le chœur. Bientôt ce fut toute la place qui, dans un bel unisson, hurla son optimisme.

Jules et Catherine échangèrent un sourire et ajoutèrent leurs voix à cet enthousiasme.

Le soleil commençait à décliner et la foule était toujours aussi dense, pas pressée de se disperser.

- Il faut rentrer, dit Jules. Père va s'inquiéter.

****

Le lendemain, au journal, c'était l'effervescence. Serbantin avait une mine de six pieds de long. Il devait rejoindre son régiment dans deux jours. Hier, il appelait à la mobilisation. Aujourd'hui, il n'en finissait pas de se plaindre.

- Je serais plus utile ici, à commenter les évènements, grommelait-il en courant d'un bureau à l'autre. Je ne sais même pas tenir un fusil.

- Je peux vous remplacer, monsieur Serbantin, avança Jules.

Le journaliste le lorgna.

- T'as de la suite dans les idées, toi ! Ne te gêne pas, profites-en pour prendre ma place, pendant que je me ferai tuer.

Jules eut bien envie de lui répondre qu'effectivement, s'il était tué, il y aurait une place à prendre.

Mais il s'abstint et rejoignit son ami Fernand qui mettait la dernière touche à un article sur les cortèges de la veille.

- Tu pars donc, toi aussi ? demanda Jules tristement.

- Eh ! Je suis en âge d'être incorporé, moi ! Je ne suis pas un môme, comme toi !

Jules eut un sourire malheureux. Pour une fois, son ami pouvait lui servir sa taquinerie habituelle, il ne se fâcherait pas.

Fernand affichait l'optimisme de la jeunesse.

- Ne t'en fais pas, dit-il à Jules. Je te parie une glace au Café Anglais que je suis de retour dans trois mois. Non ? Allez, disons deux !

Jules hocha la tête, pas très convaincu.

- Ne fais pas cette tête. Tu vas me porter la guigne.
- J'aimerais t'accompagner à la gare.

Fernand enserra ses épaules et le secoua fraternellement. Une proposition qui le touchait.

- C'est gentil. Comme ça, je ne serai pas seul. Ah ! Si j'avais eu le temps d'aller embrasser ma mère en Bretagne !

Le lendemain, rejoindre la gare du Nord paraissait un pari fou. Jules avait du mal à se glisser entre les colonnes de soldats paradant sous les applaudissements des femmes, les hommes non mobilisables, stagnant sur les trottoirs, qui soulevaient et agitaient leurs chapeaux pour les saluer ; Les patrouilles à cheval qui accompagnaient les fourgons chargés d'armes, de caisses de munitions, de batteries d'artillerie, de canons.

En nage, il soupira d'aise en atteignant enfin la gare.

Dans la salle des pas perdus, militaires, soldats et officiers mêlés, affichaient des mines joyeuses.

"Ils sont fous", se dit-il, comme si on pouvait être content de partir à la guerre. Mais depuis la manifestation de la place de l'Opéra, il ne cherchait plus à comprendre.

- On les aura ! C'est la revanche… braillaient les trouffions.

Certains avaient planté une fleur dans le canon de leur fusil. Les femmes affichaient un air conquérant. C'étaient des cortèges de noce qui se dirigeaient vers la gare bondée.

Comment retrouver son ami dans cette cohue ?

- Jules ! Je suis là.

Juché sur une rambarde vers les guichets, Fernand agitait les bras en criant. Jules se fraya un chemin jusqu'à lui.

- J'ai cru que je ne te retrouverais jamais.

- Tu crois que je serais parti sans te serrer dans mes bras ?

Pour accéder aux quais, Jules et Fernand durent piétiner pendant près d'une heure, enchâssés dans cette foule.

- Ça fait plaisir tous ces gens qui m'accompagnent au train, plaisanta Fernand.

Son rire forcé peina Jules. Il eut envie de lui crier : n'y vas pas ! Fuis !

Dans la bousculade, les femmes, pendues au bras des soldats en bleu horizon. retenaient d'une main leur capeline fleurie sur la tête; Les officiers, sanglés dans leur uniforme impeccable, le képi sur la tête, le monocle à l'œil et la badine sous le bras, se frayaient un passage plus facilement. Les simples trouffions les saluaient en claquant des talons.

- On les aura, mon lieutenant,... ou mon capitaine, entendait-on crier.

- S'il n'y avait pas les uniformes, on ne se croirait jamais en guerre, remarqua Jules.

Soudain, venant des quais, mille hommes entonnèrent la Marseillaise.

- Merveilleux ! s'exclama Fernand. C'est la guerre, mais une guerre joyeuse.

- Parce que tu crois que ça existe ?

Les deux garçons finirent par prendre pied sur le quai sous la vaste verrière d'où partaient les voies. Sur les quais, la foule acclamait l'hymne national.

Fernand joua des coudes pour se faufiler entre les couples qui n'en finissaient pas de se câliner, entre les mères, fichu sur la tête, faisant leurs dernières recommandations.

- En voilà un qui est bien pressé d'aller se faire tuer, remarqua une de ces commères.

- Non, la mère, je suis pressé d'aller tordre le cou à l'ennemi. Nuance ! répondit Fernand avec panache.

Enfin, les deux garçons atteignirent un des trains. Jules pressa le bras de son ami.

- Regarde, fit-il avec un mouvement du menton vers les trains.

Tous étaient pavoisés de fleurs et de drapeaux. Certains wagons s'ornaient d'inscriptions à la craie : "Train de plaisir pour Berlin".

- Ils sont fous, grommela-t-il, atterré.

- mais non ! Pour certains, c’est la revanche, ils y croient. Pour les autres, c’est une manière de conjurer la peur.

Jules scruta Fernand.

- Oui… j’ai peur, avoua celui-ci, pour répondre à l’interrogation muette de son ami.

À l'intérieur, les hommes s'entassaient.

- Poussez ! Il y a encore de la place, criaient quelques-uns en se suspendant aux portières ouvertes.

- Tu ne vas jamais pouvoir monter, remarqua Jules.

- Ah, mon ami ! Tu ignores ma force de persuasion. Regarde bien. Tu vas voir l'homme au travail.

Ils se firent face, soudain graves.

- C'est ici que nos routes se séparent, dit Jules, d'un ton assez solennel.

Fernand sourit.

- Une glace au Café Anglais…, rappela-t-il. Fais des économies. Parce qu'elle va te coûter cher, cette glace ! Je vais me gêner, tiens ! Je t'avertis : je prendrai la plus grosse, celle avec des amandes et de la chantilly.

- Tout ce que tu voudras, répondit Jules. Pourvu que tu reviennes.

Les mains sur les épaules de son ami, Fernand articula :

- C'est bien mon intention, crois-moi ! Je ne vais tout de même pas leur faire cadeau de mes 23 printemps ! Et puis, taquina-t-il, j’ai envie de te voir grandir.

Ils échangèrent un long regard avant de s'étreindre. Puis Fernand s'arracha des bras de Jules et se détourna.

- Allez, allez, on pousse. Faut que je rentre là-dedans, moi aussi, cria-t-il en se frayant un passage pour monter sur le marche-pied.

Il y eut bien quelques protestations, mais il réussit à s'insinuer dans la masse. Il fut rapidement englouti dans cette marée humaine.

Jules ne vit bientôt plus que le haut de sa tête et une main qui s'agitait.

- À dans trois mois ! cria une dernière fois son ami.

**4**

Dans les malheurs dont la France était accablée, Gaston Corseaux estimait qu'il avait beaucoup de chance. Non seulement ni lui, ni son fils ne seraient incorporés, mais il avait immédiatement trouvé un autre travail. Ça s'était fait le jour où les premiers trains, chargés de soldats, quittaient les gares du Nord et de l'Est.

Marcel Devidian habitait deux étages en dessous d'eux. Âgé d'une trentaine d'années, célibataire endurci, il vivait avec sa vieille mère, la plus ancienne locataire de l'immeuble. Celle-ci avait bien connu l'épouse de Gaston. Quel malheur cet homme seul avec deux enfants, disait-elle souvent. Et plus d'une fois, par ses conseils, ses astuces, elle avait rendu service à la famille Corseaux.

Marcel avait une place enviée dans une compagnie de taxis. Il conduisait une Renault noire, toute neuve.

Catherine grandissant, devenant une belle jeune fille, Marcel avait un jour jeté les yeux sur elle.

- Ne t'en fais pas pour ta fille, avait-il dit à Gaston. Quand j'aurai mon propre taxi, je l'épouserai ta Catherine.

Une promesse qui permettait les pires taquineries à Jules.

Le 5 août, il frappa à la porte des Corseaux. Pâle, la mine défaite, le dos voûté, il entra.

- J'ai un service à te demander, avait-il déclaré à Gaston, tout de go. Je pars demain pour le front. On dit que ça ne va pas durer longtemps. Mais moi, je vais perdre ma place. Et puis, je peux pas laisser ma mère sans ressources. Elle n'a que moi. Toi, t'as plus de boulot ? Le théâtre a fermé ?

- Eh oui !

- Prends le taxi à ma place.

- Je n'y connais rien en automobile.

- Je vais te montrer. Ça n'est pas difficile.

C'est ainsi que Gaston, depuis un mois, se retrouvait au volant de la Renault, sillonnant les rues de Paris, promenant de grandes dames. Le travail, d'ailleurs, n'était pas déplaisant.

Heureusement ! Parce qu'il risquait de rester là longtemps. La guerre ne prenait pas du tout la tournure qu'on attendait.

Et Gaston s'inquiétait. L'armée française avait reculé de la Belgique sur la Marne. Dans l'Humanité, que Jules apportait tous les soirs, on disait que les Allemands avançaient sur Paris à la moyenne de 45 kms par jour. De quoi faire frémir.

Depuis quelques jours, ils avaient atteint Provins. Le front formait une ligne de Meaux, Coulommiers à Vitry-le-François. Les villages se réveillaient français et s'endormaient allemands. Et le lendemain, c'était l'inverse.

Oui, Gaston s'inquiétait.

****

Jules était planté devant la table de monsieur Chambon. Celui-ci, penché sur sa feuille qu'il couvrait calmement de petits signes cabalistiques, ne prêtait aucune attention au jeune homme.

Jules ne voyait que son crâne chauve et les quelques cheveux gris qui batifolaient sur sa nuque. Dans le quasi silence de la salle de rédaction, sa plume faisait un bruit d'enfer en grattant le papier.

Etienne Chambon, 50 ans, ancien journaliste de l'Intransigeant, avait été appelé en renfort.

Ici, comme dans la plupart des journaux, les rangs s'étaient clairsemés. Alors qu'il fallait, plus encore que de coutume, assurer l'information.

Jules piaffait d'une impatience grandissante de jour en jour. C'était le moment où jamais de prendre la plume, de remplacer les manquants. Eh bien, personne ne disait "tiens, Jules, essaie d'écrire ça..." Guerre ou pas guerre on le maintenait dans son rôle de porte dépêches. Trop jeune !

Les mains croisées devant lui, Jules se balançait d'un pied sur l'autre, brûlant d'interrompre le travail de son nouveau patron. Un homme vieux, ridicule avec sa blouse grise et ses manchettes lustrées à la mode du siècle dernier.

Etienne Chambon eut un soupir et posa enfin sa plume. Il releva la tête, réajusta ses lorgnons sur son long nez en bec d'aigle et avisa le garçon devant lui.

- Qu'est-ce que tu veux ?

- Je ne sais pas monsieur, répondit Jules, désarçonné par la question.

Chambon hocha la tête, semblant se souvenir du rôle de Jules au journal.

- Je n'ai rien pour toi pour l'instant.

Jules se détourna, déçu. C'était toujours comme ça. Monsieur Chambon travaillait seul. Il ne savait pas déléguer et Jules s'ennuyait. Il en arrivait à regretter les remontrances et les leçons de Serbantin.

Il traversa la salle. La majorité des tables étaient vides. Les quelques journalistes qui n'étaient pas partis étaient débordés.

Tenace, Jules, une fois de plus, tenta sa chance.

Il s'approcha de la table de Jean Martin. Grand, handicapé d'un important embonpoint, cet homme, qui aurait pu être son père, en imposait. Mais avec Jules, il avait toujours montré une extrême gentillesse.

- Monsieur Martin, je peux peut-être vous aider, proposa-t-il timidement.

Le journaliste posa sur lui un regard amical.

- M'aider, Jules ? Bonne idée.

Il lui tendit un paquet de feuillets.

- Descends cela au marbre.

Jules eut une moue désappointée.

- Non… Je voulais dire…

Martin attendait, la plume immobilisée au-dessus du papier.

- Vous aider à écrire. Il doit bien y avoir quelques brèves que je suis capable de faire…

Jean Martin sourit gentiment.

- Ah ! Mon petit Jules… Il ne suffit pas d'en avoir envie pour écrire dans un journal. Il faut aussi le talent, l'expérience…

- Comment voulez-vous que je l'acquière l'expérience si je ne commence jamais ? se rebiffa Jules.

Le journaliste fit claquer ses lèvres et trempa la plume dans l'encrier.

- Tu as raison. Mais je t'assure que les circonstances sont mal choisies pour faire tes classes. Les informations à transmettre sont trop importantes en ce moment. Tu te rends compte : le gouvernement a quitté Paris; le général Gallieni a reçu le mandat de défendre la capitale contre l'envahisseur... Non, non... Il faut des journalistes chevronnés pour écrire cela.

- Il n'y a pas que la guerre, grogna Jules, furieux. La vie à Paris continue. Il faut peut-être rendre compte de cela aussi. Je pourrais remplacer Fernand jusqu'à son retour.

- Oui... on verra, marmonna le journaliste. Je vais en parler.

Et il se pencha à nouveau sur son texte. Avec rage, Jules prit les feuillets pour les descendre au marbre. Eh bien, avec ou sans permission, il écrirait un article !

****

Catherine avait fait un détour pour passer devant le théâtre des Variétés. À six heures du soir, il aurait dû y avoir une foule élégante et parfumée, sur le trottoir, impatiente d'entrer pour applaudir les artistes.

Hélas ! Les portes étaient fermées et personne ne s'arrêtait pour lire les affiches, vieilles d'un mois. Catherine s'immobilisa. Son regard bleu parcourut la fière façade du théâtre, les portes vitrées irrémédiablement closes. Elle soupira, stoppa une larme au bord des cils et s'approcha de l'affiche sale et à moitié déchirée qui était restée en place.

Elle se délecta à lire lentement, les lèvres entrouvertes, tous les noms, à commencer par celui de Melle Renan. La grande comédienne devait se terrer dans son appartement. Et si elle allait la voir ? Puisque la guerre ne devait pas durer longtemps, les théâtres allaient bientôt rouvrir. Si elle allait lui rendre visite ? "Mademoiselle, moi aussi je veux devenir comédienne. Pouvez-vous m'aider ?" C'était sans doute le moment. Melle Renan ne pourrait pas prétexter le manque de temps. Elle ne travaillait pas !

Catherine s'arracha à la contemplation morose de cette affiche et traversa le boulevard pour remonter vers Saint Ouen. Elle ferait cela demain. En sortant du travail.

Dire qu'elle avait osé se plaindre quelques fois au théâtre ! Les caprices de Melle Renan, les cris du régisseur… Tout cela n'était rien comparé aux cadences imposées dans l'usine de confection de vêtements militaires dans laquelle elle avait été embauchée.

Heureusement, il n'y en avait pas pour longtemps.

Catherine arriva la première à Saint Ouen. Elle se débarrassa de son manteau, frictionna ses mains gelées, et activa le feu dans le poêle en remettant un demi-seau de charbon.

Elle avait marché vite pour se réchauffer. Il faisait froid dès que le soleil se couchait. Elle pensa aux soldats sur le front. Ce mois de septembre s'annonçait plutôt frisquet.

Une bonne soupe, bien chaude, serait la bienvenue ce soir.

Elle ouvrit le garde-manger, y prit des carottes, des pommes de terre, des poireaux. Dommage ! Hier, elle n'avait pas trouvé de lard. Les femmes, craintives, commençaient à stocker.

Les légumes épluchés, coupés en dès, elle les jeta dans une marmite d'eau bouillante. Puis, elle tira sous la lampe la corbeille de raccommodage et commença son travail de reprise sur une paire de chaussettes appartenant à son frère.

Un quart d'heure plus tard, la porte s'ouvrit sur Jules, le sourcil froncé, la bouche triste.

- Ça n'a pas l'air d'aller ! remarqua sa sœur.

- Non, ça ne va pas. Et ça n'ira pas mieux, tant qu'au journal, ils continueront à me prendre pour un gamin qui ne sait pas aligner trois mots sur un papier.

- Prouve-leur que tu en es capable !

- C'est bien ce que j'ai l'intention de faire. Il faut que je trouve un sujet qui les cloue sur place.

Le père entra à ce moment. Lui aussi n'avait pas la tête des bons jours. Catherine se précipita dans ses bras.

- Quelque chose qui ne va pas ?

Gaston s'effondra sur une chaise.

- On peut dire ça. À l'heure qu'il est, je devrais déjà être sur l'Esplanade des Invalides, comme la plupart de mes collègues. Mais j'ai voulu venir vous avertir.

- Que se passe-t-il ? s'écria Jules.

- Je ne sais pas. Ils ont réquisitionné tous les taxis, les camions, et arrêtent même les autos particulières.

- Je crois savoir pourquoi, expliqua Jules. J'ai entendu dire au journal qu'il faudrait acheminer les troupes sur la Marne, mais qu'il n'y avait pas assez de moyens de transport.

Il fronça les sourcils, fit quelques pas dans la pièce en réfléchissant.

- Attendez… J'essaie de me souvenir... Ah ! Voilà ! L'Etat n'a que 170 autos militaires. Et les trains sont bondés.

- Oui, je sais, répondit Gaston. Certains de mes collègues sont déjà aux ordres de l'armée. Mais de là à réquisitionner la totalité des taxis !

Jules bondit.

-Joffre prépare une grande offensive. C'est sûr ! Emmène-moi.

Son père le dévisagea, incrédule.

- C'est cela ! Comme si c'était une promenade au bord de la Marne par un beau dimanche de printemps.

- Emmène-moi ! insista le garçon avec entêtement.

Gaston prit un quignon de pain qu'il fourra dans sa poche.

- Il n'en est pas question.

Jules se précipita à ses pieds.

- Père, je serai au cœur de la bataille, je pourrai décrire ce que je vois. Je vais ramener au journal un article sensationnel. Ensuite, ils seront bien obligés de me faire confiance.

Catherine avait compris que, malgré le danger, c'était sans doute une chance pour son frère. Elle plaida en sa faveur.

- Il a raison, père. Si vous allez vers les champs de bataille, comme Jules le suppose, vous vous arrêterez avant le front. Où est le danger ?

Gaston les regarda tour à tour.

- Ce n'est pas un jeu, mon garçon.

- Je sais, père. Mais c'est peut-être la chance que j'attends. Comme si le destin me faisait un clin d'œil.

- C'est joli ça, papa, comme expression, s'exclama Catherine. Tu vois qu'il est doué.

- Je te promets d'être prudent, renchérit Jules.

Corseaux soupira.

- Je cède, pour t'aider, articula-t-il, à contre cœur.

Puis reprenant sa grosse voix autoritaire comme lorsqu'ils étaient petits :

- Mais tu ne me quittes pas d'une semelle.

- Promis, papa ! s'écria Jules en lui sautant au cou.

Gaston s'en voulait déjà de sa faiblesse.

Il se jura de veiller sur son petit comme une louve sur les siens.

## 5

Il était dix heures du soir quand Jules et son père stoppèrent la Renault sur l'esplanade des Invalides. Il y avait déjà beaucoup de taxis. Dès qu'ils arrivaient, les chauffeurs sortaient de leurs véhicules et apostrophaient les militaires qui les faisaient se ranger.

- Que se passe-t-il ? Où allons-nous ?

- Rangez-vous. Attendez, répondaient ceux-ci invariablement.

Jules et Gaston firent comme les autres.

- Pas chaud, fit le père en frottant ses mains l'une contre l'autre.

Jules n'avait pas froid. L'excitation le réchauffait. Les taxis arrivaient toujours plus nombreux. Combien pouvait-il y en avoir ? 100 ? 150 ? Et toujours les mêmes questions. Personne ne savait pourquoi on les avait réquisitionnés. Secrètement, Jules s'accrochait à son hypothèse : la grande offensive sur la Marne pour repousser l'ennemi.

Enfin, il y eut quelque remue-ménage du côté des militaires.

- On dirait que ça se décide, fit Gaston.

Les soldats s'activaient.

- En route vers la Villette, criaient-ils en courant d'un taxi à l'autre. Arrêtez-vous à l'octroi.

150 taxis s'ébranlèrent en file indienne vers l'est de Paris.

- Dites donc, on marche comment ? Au compteur ? demanda Gaston au sous-officier qui passait. Qui nous paiera la course ?

- Mettez les compteurs, répondit le militaire en montant derrière, à la place habituelle des clients.

La colonne s'ébranla lentement à travers Paris endormi, en direction du nord-est. Jules avait pris place aux côté de son père, crispé sur le volant. Les yeux fixés sur la route, ils ne se parlaient pas.

À l'octroi de la Villette, près des abattoirs, les régiments attendaient. Le sergent qu'ils avaient pris en charge sauta à bas de l'auto et courut vers les soldats.

- Allez, montez là-dedans ! Au trot, cria-t-il.

Du caporal à l'adjudant, tous les militaires en charge de la réquisition poussaient les soldats vers les véhicules.

Trois trouffions s'entassèrent à l'arrière de l'automobile de Gaston. Un caporal passa et cria :

- Vous vous croyez où ? Promenade princière ? Allez, on fait de la place à ses petits camarades.

Il poussa deux autres soldats dans l'auto.

- Et toi, jeune homme, tu peux en prendre un sur tes genoux, dit-il à Jules.

Jules se tassa contre son père, laissa la moitié de son siège à un soldat bouffi de graisse et qui puait le tabac.

Et la colonne redémarra.

- Vous allez où ? demanda Jules.

- Si on le savait, mon gars, répondit le gros. C'est la guerre. On va où on nous dit d'aller se faire tuer.

Une réflexion qui jeta un froid. Plus personne n'osa un seul mot.

La procession de taxis et autres véhicules traversa la banlieue, puis plongea dans la nuit de la campagne. Le trajet n'était pas de tout repos. Gaston devait rester très attentif. Pour retarder ou empêcher une quelconque invasion, la route était coupée de nombreuses chicanes. Des barrages illusoires bâtis à la va-vite avec des arbres, des charrettes renversées, des sacs de sable.

À grand renfort d'emballement de moteur, ils approchaient de la ligne de front.

Dans la clarté relative de la nuit, Jules distingua bientôt un nuage de poussière sur la route devant eux. Un martèlement sourd se rapprochait. Instinctivement, Gaston releva le pied de la pédale.

- Regarde, fit Jules au bout d'un moment. Ce sont des soldats.

- Oui. Ils remontent vers l'arrière, souligna le gros. Ceux-là ont eu de la chance.

Les hommes fourbus, les visages creusés de fatigue, mangés d'une barbe de plusieurs jours, s'écartèrent pour laisser passer les véhicules. Les uniformes étaient gris de poussière. Ils piétinaient, les yeux chargés de tristesse, regardant droit devant eux. Parfois, dans la nuit, la blancheur d'une main bandée ou d'une tête enturbannée d'un pansement faisaient sursauter Jules.

- Tu vois, mon gars, fanfaronna le soldat à ses côtés. Demain, ce sera peut-être mon tour. Et je serai bien heureux de n'être que blessé et d'être évacué.

Il eut un coup d'œil oblique vers Jules et le secoua d'une poigne vigoureuse.

- Allons, ne ferme pas les yeux. C'est ça la réalité de la guerre. Qu'est-ce que tu fais là, toi ?

Jules se racla la gorge et répondit d'une voix éteinte :

- Je suis journaliste.

- Regarde bien. Et rends bien compte de tout. Il faut qu'ils sachent les politiques.

Les cavaliers marchaient à côté de leurs montures en les tenant par la bride.

Les doigts du soldat se crispèrent sur son bras.

- Regarde ! Ce sont des dragons. On les reconnaît à leur casque, au sabre et à la lance. Et ceux-là des hussards, bien qu'on ne voit plus grand chose de la tunique bleu ciel.

L'homme se rejeta en arrière.

- Pourtant, ils avaient fière allure quand ils sont partis.

Il se tut le reste du trajet et Jules ne fit rien pour renouer la conversation. Il se posait une question : aurait-il assez de cran pour tout regarder ?

À l'aube, le bruit du canon se rapprocha. Chaque coup vibrait dans tout le corps de Jules.

Il faisait presque jour quand Gaston stoppa le taxi à Nanteuil-le-Hardouin. Il avait conduit toute la nuit, soit 50 kms, sur une route chaotique, avec une auto chargée à ras bord.

Les soldats descendaient des véhicules à moitié endormis, endorloris. Ils se retrouvaient dans un face à face brutal avec la guerre.

Sergents et caporaux se démenaient tout au long de la colonne pour les rassembler.

- Allons… allons… pressez-vous, entendait-on de tous côtés.

- N'oublie pas, fit le gros soldat à odeur de tabac, en tapant sur l'épaule de Jules. Dis-leur tout. N'oublie rien !

Il se fondit dans la masse, en route pour son destin.

Jules debout près du taxi sortit le petit carnet noir, dont il s'était muni avant de partir, puis son crayon, dont il humecta la mine entre ses lèvres. Fébrilement, il griffonna les pages notant les soldats qui refluaient vers Paris; ceux qui partaient vers le front, la petite ville en effervescence. Les femmes tendant des gobelets d'eau fraîche aux soldats, les encourageant, et les véhicules partout, civils et militaires.

Gaston, fourbu, s'assit sur le rebord du trottoir, la tête entre les mains. Jules vint s'asseoir à ses côtés, le petit carnet et le crayon à la main.

- Qu'est-ce que tu fais ? questionna Gaston, d'une voix lasse.

- Père, je suis ici pour écrire un article et le proposer au rédacteur en chef.

- C'est vrai. Je suis certain que tu vas faire du bon travail.

Jules n'avait aucune peine à se remémorer tous les incidents de cette nuit, depuis le rassemblement des véhicules aux Invalides, jusqu'à la longue route dans la nuit. La mine courait sur le papier, posé sur ses genoux. De temps en temps, il relevait la tête, suçait le bout du crayon en cherchant le mot juste, la phrase qui ferait mouche.

Soudain, un bourdonnement emplit le ciel. Jules se mit debout, le nez en l'air, scrutant le bleu annonciateur d'une belle journée.

- Là ! cria un gamin à ses côtés, l'index pointé vers un point au-dessus des toits.

Tous s'étaient dressés et regardaient, inquiets, immobiles.

- Un avion ennemi ! cria un sous-officier en accourant. Ne restez pas ici. Aux abris !

Ce fut une débandade générale. Tout le monde se bousculait vers une cachette. Jules, subjugué, ne bougeait pas.

- Qu'est-ce que tu fais ! cria son père. Viens !

Il prit sa main, le tira vers une maison.

Un avion à croix noire venait d'apparaître. Un détachement militaire s'était mis en position et c'est à coups de fusils que l'avion fut reçu. Il n'insista pas, survola la ville et disparut.

Jules avait repris son crayon et griffonnait fébrilement. Jean Martin pourrait le traiter en gamin, qu'importe ! Il allait tous les épater, au journal.

## 6

Jules ne touchait plus terre. Il sortit du journal en trombe.

- Eh ! Qu'est-ce qui se passe ? hurla le portier qu'il avait bousculé.

- Je suis heureux, voilà ce qui se passe, répondit Jules sans s'arrêter.

Il courut jusqu'au boulevard, le traversa au péril de sa vie entre les omnibus, les automobiles au klaxon enroué, les chevaux. Il avait ôté sa casquette qu'il envoyait en l'air tous les dix pas. Les gens jetaient sur lui des regards effarés et quelque peu inquiets.

Monter jusqu'à la gare du Nord ne lui prit guère de temps. Il s'y arrêta pour souffler un peu. Ah ! Fernand ! quand tu sauras ça !... Il reprit bien vite sa course.

Barrière de Clignancourt, il était dans la zone. Il entra dans le marché aux Puces, zigzagua entre les stands et les vendeurs à la sauvette, qui étalaient trois bibelots minables sur une couverture.

- Oh ! Fais attention, petit ! cria une matronne en protégeant de son bras un vase en porcelaine.

Arrivé rue Mariton il s'arrêta chez le bougnat du coin.

- Sors-moi une bonne bouteille, commanda-t-il d'un air de triomphe.

- Fichtre ! Rien que ça ! Ce n'est pas encore la victoire que je sache ?

- Pour moi, si, répliqua Jules tout excité.

Il entra dans l'immeuble, grimpa quatre à quatre les 3 étages et ouvrit brutalement la porte de l'appartement en brandissant la bouteille. Catherine se précipita.

- Ça a marché ? s'écria-t-elle en se suspendant aux pans de sa veste.

- Et comment ! lança Jules tout fier, en faisant pleuvoir sur la table l'argent qui lui restait.

Sa sœur se jeta à son cou.

- Formidable ! Remarque, je n'en ai jamais douté !

- Menteuse !

D'un bond, elle s'écarta de lui et ouvrit les portes du placard de la cuisine.

- Tant pis ! J'utilise ce qui reste de farine pour faire un gâteau, décréta-t-elle en joie.

Gaston arriva une heure plus tard.

- Hum ! Quelle odeur appétissante ! s'exclama-t-il.

- On fête la promotion de Jules. Il va devenir un grand journaliste.

Le père posa ses deux mains sur les épaules de son fils.

- Je suis fier de toi, mon garçon. Mais ce n’est pas encore fait, même si tu as avancé.

- Tout n'est pas gagné, tu as raison, papa, répondit Jules. Grâce à toi, parce que tu as bien voulu m’emmener, avec cet article j'ai ouvert la porte. Il faut maintenant rester dans la place. Oui, mais comment ?

Gaston avisa la bouteille sur la table et s'en empara.

- Si on l'ouvrait ? Et il me semble que tu as fait un gâteau, ajouta-t-il en regardant Catherine.

Elle sortit le moule du four tandis que Jules débouchait la bouteille. Ils s'installèrent tous trois autour de la table et trinquèrent en mordant dans la galette sucrée. Le père se lança.

- Tu vois, à mon avis, ce qui manque à "L'Humanité", c'est une rubrique sur la vie à l'arrière. Tu as une place à prendre, là. Je vais te présenter à Melle Renan. Elle connaît tout Paris. Tu pourrais faire d'excellents reportages.

Jules scruta son père. Il lut la peur dans son regard. Peur qu'il réponde : non, je veux repartir au front; il tourna les yeux vers sa sœur et y lut la même crainte voilée.

Jules crispa les mâchoires. La vie à l'arrière… Qui s'y intéressait en ces temps de guerre ? Il sourit à son père.

- C'est une bonne idée, lança-t-il d'un ton faussement joyeux.

Catherine et Gaston masquèrent un soupir de satisfaction. Tous trois levèrent leurs verres. Catherine commença à fredonner une chanson entre ses dents en dodelinant de la tête en rythme. Jules l'accompagna d'une voix de fausset qui la fit rire.

- Ce que tu peux chanter chaux. Voyons voir si tu es plus doué pour la danse.

Elle se leva, lui tendit les bras, et tous deux tournoyèrent dans la cuisine entre la table et la cuisinière de fonte, en chantant à tue-tête.

****

Cette décision prise à contre-cœur vola en éclats une quinzaine de jours plus tard.

Marmelon, le rédacteur en chef de l'Humanité, venait d'engager un nouveau journaliste, Raoul Braban, plus jeune qu'Etienne Chambon, non mobilisable à cause d'une patte folle. Un accident de jeunesse qui l'avait laissé boiteux.

Jules, debout devant sa table, l'écoutait marmonner son mécontentement.

- M'envoyer au front, grommelait-il. Mais à quoi il pense, le chef ? Y a des raisons pour que j'y sois pas au front !

- C'est vrai, approuva Jules. Ce sera difficile avec votre jambe malade de marcher dans la boue des tranchées. On dit que c'est terrible.

Lui ne rêvait que de ça : y aller pour écrire des articles.

- Mais que voulez-vous, continua-t-il finaud, on n'a plus personne au journal. Ce qu'il vous faudrait, c'est une sorte d'aide de camp.

Braban releva la tête et scruta le jeune homme. Jules, le cœur battant, poussa son pion un peu plus loin.

- Un homme jeune, qui peut se faufiler partout ; qui peut aller sur le terrain chercher les informations pour vous ; qui peut courir ; vif, quoi…

Braban opina du chef.

- Tu as raison, gamin.

Puis, plissant les yeux et l'observant attentivement :

- Tu serais partant ?

Le cœur de Jules s'emballa.

- Et comment !

Braban se leva.

- Viens ! On va voir Marmelon.

Et le rédacteur en chef, avec réticence, mais comprenant qu'un aide de camp était indispensable, avait accepté.

- Sois prudent, petit. Ne me fais pas regretter cette décision, avait-il recommandé.

Tout de même, il culpabilisait.

Plus question d'aller faire le beau dans les salons parisiens, chaperonné par Melle Renan. Jules s'était jeté dans la fébrilité des préparatifs et l'excitation de ce départ imminent pour ne pas voir la tristesse des siens, et éloigner un sentiment de culpabilité, qu'il ne voulait surtout par prendre en compte.

Catherine avait simplement babutié : « C'est une chance que tu dois saisir. » Quant au père, il s'était renfrogné dans ses craintes, sans dire un mot pour ou contre.

****

Jules cala sa nuque contre le haut de la banquette de bois et ferma les yeux. Le train qui l'emmenait vers le front, le secouait rudement, comme pressé de déverser sa cargaison de soldats et d'officiers dans la mitraille et l'horreur de la guerre.

Il ne voulait penser qu'à leur dernière scène de bonheur, Catherine dansant radieuse, il voulait la revivre inlassablement pour effacer l'autre, plus douloureuse. Tous trois sur le quai de la gare du Nord, les chansons et les danses ayant fait place aux pleurs et à l'angoisse.

Voici une heure, au moment de monter dans le train dont la locomotive fumait déjà, Jules avait serré tendrement sa sœur contre lui.

- Ne t'en fais pas. Je ne serai pas en première ligne. Je ne suis que journaliste tout de même, tentait-il de la rassurer.

- Billet, s'il vous plait ?

Jules leva des yeux égarés sur le contrôleur qui se tenait devant lui. Il lui tendit son titre de transport. A ses côtés, Raoul Braban somnolait, la bouche ouverte. Jules le secoua doucement.

- Hein ! Quoi ? Qu'est-ce qui se passe ?

- Billet, monsieur, fit le contrôleur.

Raoul s'exécuta mollement, puis, baillant, il se pelotonna sur la banquette, les bras croisés, serrant son manteau contre sa poitrine pour garder un peu de chaleur.

- Quand on arrivera, tu me réveilleras, marmonna-t-il à Jules en se tournant sur la côté.

Le visage poupin sous une tignasse poivre et sel qui paraissait ignorer le peigne, Braban avait tout de suite pris Jules comme un subalterne.

Dès le départ, Jules avait senti le peu de cas que le journaliste faisait de lui, tout empanaché de son expérience.

Le train était bondé de soldats braillards ou, au contraire, silencieux, laissant poindre une tristesse qui lui serra le cœur.

Jules se leva, s'approcha d'un sergent. Jeune, seul, il fumait une cigarette, accoudé devant la fenêtre, l'œil perdu sur la campagne.

- Excusez-moi…

Le soldat tourna la tête vers lui.

- Vous allez au front ?

- Où veux-tu que j'aille ?

- C'est la première fois ?

- Non ! J'ai eu droit à une permission exceptionnelle. Raisons familiales.

- C'est comment là-bas ? Je suis journaliste, mentit Jules.

- Journaliste… À ton âge ?

Décidément, cette guerre bouleversait toute la société…

- Eh bien, tu verras. La vérité est pas belle. Tu seras peut-être tenté de la travestir, pour ne pas les affoler.

- Non. Je ferai mon métier honnêtement. Mais précisez…

Le sergent tira une dernière bouffée de sa cigarette et l'écrasa contre le mur.

- Tu verras bien. J'ai pas envie d'en parler.

Il se détourna. Jules le regarda s'éloigner. C'était donc si terrible que cela ce qu'il allait découvrir ?

Une demi-heure plus tard, les roues grincèrent, le train perdit de la vitesse pour s'arrêter tout à fait.

- La Ferté sous Jarre ! La Ferté sous Jarre… ! annonça le chef de gare, en parcourant le quai.

Jules secoua Braban.

- On est arrivé.

Militaires et civils descendirent des wagons. Et là, Jules eut un choc : la gare était complètement dévastée. Des pans de murs écroulés permettaient au regard de plonger directement dans la rue, de l'autre côté. La salle d'attente, le toit éventré, était à tous vents.

- Eh ben, dis donc, marmonna Raoul en traversant les ruines. Les avions allemands s'en donnent à cœur joie.

- C'est tout ce que cette horreur vous inspire ? jeta Jules, révulsé par le stoïcisme du journaliste.

- Mon pauvre petit… Avec l'âge, tu sais, on se blinde. T'en verras d'autres.

Oui, probablement. Mais, pour l'instant, il restait sous le choc de ce premier contact avec la guerre.

- Prends des notes, conseilla Raoul. Ensuite, je rédigerai l'article.

Jules pinça les lèvres. Eh oui, il n'était encore que l'aide et non le journaliste.

Il pensa aux fleurs aux fusils, aux chants de victoire des premiers convois de soldats. Trois mois, avait dit Fernand. Il y en avait déjà deux de passé et rien ne prédisait que la guerre allait bientôt se terminer.

Ils traversèrent la ville. Jules découvrait les maisons éventrées, offrant sans pudeur l'intimité passée de leurs occupants. Raoul claudiquai devant, Jules sur ses talons, le carnet et le crayon à la main. Il voulait tout écrire de la misère de ces femmes qui fouillaient dans les décombres à la recherche d'un souvenir ou d'une casserole, ou, plus improbable, d'un sac de farine ou de sucre.

Ils croisaient des soldats en permission ou en partance pour les combats. Ils erraient, désœuvrés, l'œil hagard, chassant la peur par des plaisanteries douteuses, que les jeunes filles écoutaient en rougissant.

Raoul et Jules atteignirent une grande place. Quelques marchands ambulants proposaient de maigres provisions.

- 5 francs mon kilo de pommes de terre. Pressez-vous, y en aura pas pour tout le monde.

Les femmes faisaient la queue, se bousculaient pour arracher de quoi nourrir leurs petits. Une petite fille d'une dizaine d'années s'approcha d'eux. Elle tira Jules par la manche.

- Dites, monsieur, vous n'avez rien à manger ?

Il fouilla au fond de sa poche, en tira un quignon de pain un peu sec qu'il lui tendit.

- C'est tout ce que j'ai, fit-il avec regret.

- Merci, monsieur, dit-elle précipitamment en se sauvant, tenant précieusement le morceau de pain, comme s'il s'agissait d'un trésor.

Jules la suivit du regard jusqu'au bout de la rue, le cœur serré, presque honteux de n'avoir pu faire plus, de n'avoir pas su se restreindre sur le maigre casse-croûte qu'il avait mangé dans le train. Raoul lui tapa sur l'épaule.

- Allez, mon vieux. C'est la première, mais, hélas, ce ne sera pas la dernière. Faut pas te frapper comme ça.

Soudain, Jules fronça les sourcils.

- Et ça aussi vous trouvez que c'est normal ? articula-t-il avec un mouvement de menton vers deux soldats qui agaçaient une jeune fille.

Son panier au bras, elle était acculée contre un mur, sans défense, roulant des yeux effrayés à ces deux soldats qui devaient lui tenir des propos indécents.

Elle avait les cheveux couleur miel, comme Catherine, et devait avoir à peu près son âge.

Sans plus réfléchir, Jules se précipita à son secours. Il agrippa la capote du premier soldat et le tira en arrière, en grondant :

- Laisse-la tranquille.

Les deux soldats le dévisagèrent en rigolant.

- De quoi tu te mêles ? C'est ta sœur ?

- Non, mais ça pourrait l'être. Alors, fiche le camp.

Les deux trouffions, d'une trentaine d'années, riaient, nullement impressionnés.

- Regarde-moi ce blanc-bec ! s'exclama le second.

Raoul approcha.

- Puisqu'on vous dit de vous en aller…

Devant ce renfort inattendu, l'attitude des soldats changea brusquement. Ils reculèrent d'un pas et firent demi-tour en marmonnant :

- On peut plus rigoler ?

La jeune fille eut un regard reconnaissant vers eux avant de s'enfuir en courant.

- Merci, fit simplement Jules, à l'adresse de Raoul.

- Toi, va falloir t'aguerrir, sinon tu ne tiendras pas le choc, répondit le journaliste. Allez, c'est pas le tout de faire le joli cœur. On nous attend.

Un quart d'heure plus tard, ils se présentèrent au poste de commandement de l'arrière, installé dans les locaux de la mairie, miraculeusement encore debout..

- Ah ! C'est vous les journalistes, fit le capitaine en les scrutant de la tête aux pieds. Martel ! appela-t-il.

Un caporal se présenta, salua en claquant des talons.

- Accompagne ces deux gars à la roulante. Ils vont à la 6ème.

Et devant leur mine effarée, il précisa :

- La cuisine roulante. À l'arrière des premières lignes.

À la suite de Martel ils sortirent de la ville, s'enfoncèrent dans une campagne boueuse, aux champs dévastés par de nombreux trous d'obus.

La pluie s'était remise à tomber, fine, traîtresse, s'insinuant sous les cols. Martel marchait vite, sans parler, pressé d'en finir et de retourner à l'arrière.

Jules releva le col de son manteau, essuya d'un revers de main la goutte de pluie qui perlait au bout de son nez.

Les coups sourds des explosions, ceux, plus brefs des canons devenaient de plus en plus présents, accélérant les battements de cœur de Jules. La peur mordait ses entrailles. Pour la maîtriser, il posa des questions.

- Il y a une attaque ?

- Dix, vingt, et même plus chaque jour, mon p'tit gars, répondit le dénommé Martel. T'as voulu venir au front, faudra t'y faire. C'est notre chanson à nous, les explosions et les coups de canon.

Il pensa à Fernand. C'était donc cela que son ami vivait jour après jour ?

Après dix bonnes minutes à patauger dans la boue, ils atteignirent la ligne de front.

- Voilà, les gars, vous y êtes.

La fameuse "roulante" était un énorme fourneau monté sur roues sur lequel chauffaient des chaudrons ventrus. À ses pieds, deux hommes, indifférents à la pluie, épluchaient un monceau de pommes de terre déversé sur les sacs de jute vidés. Un peu plus loin, les gamelles des diverses compagnies s'alignaient, étagées les unes sur les autres. Un cuistot les remplissait.

- Gabriel ! C'est bien toi qui fournis la 6$^{ème}$ ? cria Martel.

L'homme confirma d'un signe de tête, sans cesser son travail.

- Ces messieurs vont te suivre. Moi, je ne m'attarde pas. Salut.

À intervalles réguliers, le canon donnait de la voix. Et si l'on voulait se faire entendre, pas d'autre solution que crier.

- On y va, fit enfin le soldat.

Jules le considéra avec effarement.

C'était fou ce que cet homme portait. Autour de son cou, un chapelet de pains enfilés dans une sangle tenaient on ne savait comment; plus un écheveau de courroies qui supportaient les bidons des camarades. À ses côtés, un âne bâté de sacs grossiers dans lesquels s'entassaient les gamelles.

- Je peux vous aider ? proposa-t-il.

- Laisse, petit. J'ai l'habitude.

Jules se précipita à sa suite.

- Qu'est-ce qu'il y a dans ces gros chaudrons ?

- Ben… la bouffe…

- Oui, mais quoi ?

Le cantinier eut un rire amer.

- Ah, ça, mon p'tit gars, c'est pas un déjeuner de chez Maxim's. Aujourd'hui, c'est patates-saucisses; demain ce sera patates-lard; le jour d'après…

- Patates-boudin, lança Jules.

- Pourquoi pas ? Trouve-moi le boudin.

Ils s'enfoncèrent dans une première tranchée. Un long boyau de terre, par endroits consolidé d'un treillis ou de sacs de sable. Dans le sol gorgé d'eau, les pieds émettaient d'effrayants bruits de succion. Jules devait faire un effort à chaque pas pour extirper sa chaussure de la boue.

Des hommes partout, les regards vides, les visages amorphes; debout, tapant des pieds pour se réchauffer, ou affalés dans le sol boueux.

Le jeune journaliste aurait voulu dire un mot de compassion à chacun de ces combattants qui vivaient dans ces terriers, qu'ils partageaient avec les rats depuis des mois.

Mais Martel, sans état d'âme, l'habitude sans doute ou alors question de survie, filait le long du boyau de terre, distribuant à droite comme à gauche, gamelles et pains.

Le plus étonnant était peut-être le silence entre ces soldats. Ils ne bougeaient guère, silencieux, fatigués, statufiés dans leurs manteaux de boue.

Le clapotis de la pluie, le gargouillement des pieds pataugeant dans les flaques accompagnaient les coups de canon.

- Je vais t'aider, fit Jules en prenant le chapelet de petits pains.

Il en tendit un à un soldat, qui ne paraissait guère plus âgé que lui.

- Tu es là depuis quand ?

- Et toi ? répondit l'autre.

- Je viens d'arriver. Je suis journaliste. Je suis ici pour raconter ce que vous vivez.

- T'en sauras rien si tu ne sors pas avec nous de ce trou infâme quand on nous l'ordonne.

- Eh bien, je le ferai ! répondit Jules crânement.

Les yeux bleus du soldat le scrutèrent. Il secoua la tête.

- Mais non ! T'auras la frousse, comme nous. Et puis toi, tu seras pas obligé.

Raoul, devant, se retourna.

- Allez ! Avance, fit-il à Jules.

Jules dévisageait chaque homme. Son ami Fernand était peut-être parmi eux. Et s'il passait devant lui sans le voir ? À la fin, n'y tenant plus, il demanda au cantinier :

- Vous ne connaissez pas Fernand Lebon ?

- Non, ça me dit rien. C'est ton frère ?

- Un ami.

Il donna un pain au soldat assis dans la boue.

- T'as des assistants, maintenant ? fit ce dernier. Ou alors, ce sont des touristes. Joli coin à visiter, pas vrai ?

- On est journalistes, expliqua Raoul. On est là pour raconter ce que vous vivez.

- C'est pour ceux de l'arrière ? T'as raison. Faut leur montrer à ces planqués dans quelle saleté on vit.

Jules passa devant lui. Le soldat tendit la jambe et Jules s'affala dans la boue, provoquant l'hilarité dans la tranchée.

- Baptême du feu, p'tit gars ! T'étais trop propre. Tu faisais tache. Maintenant, tu sais ce que c'est que la boue.

Raoul riait avec les autres.

- Ça va, fit Jules en se relevant. Faites pas le malin. Il pourrait vous arriver la même chose.

Le cuistot ne les avait pas attendu. À dix mètres devant, Jules l'entendit crier :

- On demande Fernand Lebon… Y a-t-il un Fernand Lebon ?

Les soldats tendaient la main vers leur pitance en secouant la tête.

- Peut-être bien qu'il est déjà mort, ton copain, fit le cantinier en se retournant à demi vers Jules.

Celui-ci pâlit. Bien sûr qu'il avait eu cette idée, tout en la repoussant avec toute l'énergie de son amitié.

- Non, non, jeta-t-il avec conviction. Il me l'aurait dit.

Le rire du cuistot le surprit. Il ne s'était même pas rendu compte de ce qu'il disait.

- Chez toi les morts parlent maintenant ? T'en as de la veine. Parce qu'ils ont sûrement plein de choses à raconter. Ici, ça serait un sacré vacarme. Parce que des morts y en a tous les jours.

Quelques rires avaient fusé.

- Au moins tu les amuses, remarqua Raoul. Pour eux, c'est toujours ça de pris.

Devant, le cuistot avait repris sa litanie.

- Fernand Lebon… On cherche un certain Fernand Lebon.

Un homme assis, les mains sur les genoux remontés, semblant somnoler, releva mollement la tête.

- C'est moi, marmonna-t-il, étonné.

Derrière le cantinier qui lui tendait son bidon, il découvrit sans trop y croire, le visage souriant et maculé de boue de son ami Jules. Ses yeux s'illuminèrent, tandis qu'il balbutiait :

- Jules ?

Ce dernier se précipita vers lui, les bras grands ouverts. Fernand s'était mis debout et les deux garçons s'étreignirent longuement. Fernand, qui semblait avoir retrouvé un peu de vivacité, le prit par les épaules, lorgna son costume civil.

- Mais qu'est-ce que tu fais là ?

- Service commandé, répondit Jules fièrement avec un coup d'œil vers Raoul qui boitillait derrière le cantinier. Je l'aide parce qu'il ne pourra pas aller partout.

Et, se penchant vers son ami :

- Et j'espère bien écrire un ou deux articles.

- Bravo ! Si la guerre peut réussir à quelques-uns, quelle belle revanche !

Jules examinait son ami : yeux cernés, joues creuses, plaques de boue sur le front, cheveux en bataille. Où était le fringant journaliste, fier de sa réussite ?

Il tenait la gamelle à deux mains et maugréa entre ses dents :

- C'est pas chaud, comme d'habitude.

Il chercha une place relativement sèche et confortable pour manger.

- Assieds-toi, dit-il à son ami.

Il sortit une cuillère de sa poche.

- C'est bon au moins ?

- Dégueulasse, répondit Fernand. Mais il faut bien manger.

Braban s'était approché. Il tendit la main à Fernand.

- Tu travailles à l'Humanité ?

Fernand hocha la tête.

- Et j'espère bien retrouver ma place à mon retour.

-, T'inquiètes. J'te la chauffe seulement.

Fernand leur sourit.

- C'est rudement chouette que vous soyez là. Ça remonte le moral. Et il en a bien besoin.

Jules baissa la tête, soudain honteux de n'être là qu'en touriste. Un cri les fit sursauter.

- Tout le monde en poste, hurlait un lieutenant en courant le long de la tranchée.

- Et c'est reparti, marmonna Fernand.

Il coinça sa gamelle dans un trou et se leva précipitamment. Il ajusta son casque, prit son fusil. Autour de lui, ses camarades en faisaient autant. Une soudaine tension parcourait le long boyau de terre. Résignation, terreur, lassitude sur chaque visage, alors que les mains se crispaient sur les armes et que les pieds tapaient dans la boue.

- C'est une attaque ? questionna Jules, le cœur soudain affolé.

- Une de plus…

La majorité des hommes de la tranchée, casqués, fusils en main, se tenaient, obéissants, debout le long des sacs de sable, prêts à s'élancer hors de leur trou dès l'ordre crié.

Raoul avait prudemment reculé contre la paroi opposée. Il avait sortit son petit carnet et prenait des notes. Jules se déplaçait à droite, à gauche. Il avait beau se faire tout petit, se plaquer contre le mur de boue, il gênait les préparatifs. L'espace était si restreint.

Certains marmonnaient une prière, d'autres ébauchaient un signe de croix.

Un sergent parcourait la tranchée derrière eux en braillant.

- Du nerf ! On va leur faire bouffer la semelle de leurs godillots. Pas de quartier ! Je vous veux tous à l'appel ce soir.

Fernand regarda Jules et avec un sourire qui se voulait insouciant, il jeta d'une voix soudain rauque :

- À tout à l'heure, camarade.

Son ami Fernand courait au danger; et lui, que faisait-il ?Jules fut soudain submergé par la honte. L'appréhension crispait les visages, les attitudes. Ils se demandent s'ils vont en revenir vivants, pensa Jules le cœur serré. Lui restait, à l'abri de la tranchée, comme les planqués de l'arrière !

- Donnez-moi un fusil, jeta-t-il soudain en s'approchant du lieutenant.

L'officier lui jeta un regard rapide et d'un revers de main l'écarta, en disant

- Sors-toi de là, petit. Je n'ai pas de temps à perdre.

- Mais je vous dis que je veux y aller.

- Tu es incorporé ? Tu as un uniforme ? Non… Alors, fais ton boulot et nous le nôtre.

Raoul, d'un geste prompt, agrippa le jeune homme et le rejeta à l'arrière avec lui.

- Tu es complètement fou, toi ! Dis-toi bien qu'on a une mission et ce n'est pas celle de courir au feu.

Puis, d'une voix plus douce :

- J'ai besoin de toi, moi ! Tu le sais.

Le lieutenant grimpa sur le haut de la tranchée, et, debout, il cria avec un grand geste du bras :

- En avant !

La compagnie se jeta hors du trou, en hurlant pour conjurer la peur, courant sous la mitraille. Fernand disparut dans la cohue.

## 7

Echappant au prudent Raoul, Jules se jeta à leur suite sur la butte de terre. Agrippé aux sacs de sable, le buste hors de la tranchée, maculé de plaques de terre arrachée par les godillots, il avait peur, autant que tous ces hommes au visage fermé, et pourtant, lui ne craignait rien. Il les vit courir, ramper sous les barbelés agressifs qui défendaient l'entrée, courbés sous la mitraille, se perdre dans ce terrain qui n'était qu'un bourbier, les clameurs sauvages accompagnant leur course folle.

Il suivit Fernand des yeux le plus longtemps possible.

Voyant le jeune journaliste tétanisé, Raoul s'approcha.

- Ne t'en fais pas. Il reviendra. Et ne reste pas perché là-haut. Tu vas attraper une balle perdue.

Jules tourna la tête vers lui et redescendit à l'abri de la tranchée. Il reviendra... et si...

Il toussa, la gorge irritée par la fumée acre de la poudre. Les détonations se succédaient, se superposaient.

Derrière lui, une seconde fournée de soldats s'apprêtait à s'élancer hors de la tranchée. Casqués, engoncés dans leurs capotes, ils piétinaient.

- T'inquiète. On les aura, dit l'un d'eux à un jeune.

Puis en criant, il répéta :

- On les aura !

- On les aura ! reprirent les soldats.

Un sous-lieutenant allait et venait, les exhortant.

- Dispersez-vous. Ne restez pas groupés. Ne vous attardez pas sur un camarade blessé. Sors de nos pattes, toi ! cria-t-il à Jules, en le poussant d'une bourrade, contre la paroi de terre humide.

Un capitaine, grimpé sur les sacs de sable, abaissa ses jumelles.

- Le flanc à l'est flanche.

- En avant ! cria le lieutenant.

Il bondit hors de la tranchée, les soldats se jetant à sa suite en hurlant. Jules, éclaboussé de boue, ferma les yeux, détourna la tête. Les clameurs des combattants se perdirent dans le vacarme des armes et des coups de canons.

"Fais ton boulot…" avait dit le lieutenant.

Jules se laissa tomber sur le sol boueux et tira son cahier de sa poche. D'une écriture fébrile, il rapporta ses impressions. "Entre deux attaques, les hommes tentent de survivre dans ces boyaux gorgés d'eau, cherchant vainement un coin sec pour avaler une tambouille tiède et sans saveur. Puis, les ordres d'attaque étant hurlés, comme des pantins, ils se pressent, casqués, armés, devant la butte de terre qu'il leur faudra escalader pour peut-être aller se faire tuer."

- Qu'est-ce que tu fais ? cria Raoul en le voyant noircir du papier. Je te rappelle que c'est moi le journaliste.

- Juste quelques impressions… pour moi, balbutia Jules

Mais il voulait rendre compte également de la bataille. Et de celle-là, il ignorait tout. Il courut jusqu'au poste de commandement.

- Où vas-tu ? cria Raoul.

- Je reviens. Je vais aux nouvelles, pour vous.

Le poste de commandement… Un trou, sorte de grotte, à même la terre. Là, un sous-officier se penchait sur une carte étalée sur une table. À droite, un soldat se démenait et hurlait dans un radio-téléphone. Jules l'interpella.

- Lieutenant !

L'officier releva la tête, inspecta rapidement le journaliste.

- D'où il sort celui-là ? Pas lieutenant, capitaine, jeune bleu. Et on dit "mon" capitaine.

- Je suis journaliste, mon capitaine. Correspondant de l'Humanité…

- Jaurès… Paix à son âme ! Et alors ?

- Qu'est-ce qu'il va se passer ? demanda Jules, d'une voix haletante.

- Ce qui se passe à chaque sortie, mon garçon. Des hommes qui en reviendront exténués, d'autres qui ne reviendront pas. Et les infirmiers qui, quand ça se calmera, iront récupérer les blessés.

- Mais auront-ils gagné ?

- Gagné quoi ? répondit l'officier excédé. Un bout de terrain, quelques mètres carrés que demain, dans le même genre d'opération, les Allemands nous reprendront…

- Mais ça sert à quoi, alors ? demanda encore Jules, naïvement.

- Quand vous aurez la réponse, jeune homme, je serai heureux de l'entendre.

Puis, oubliant Jules, il se tourna vers le radio.

- Alors ? Qu'est-ce qu'ils disent à l'Etat-major ?

Le jeune homme sortit de la cahute. Son pied heurta une gamelle abandonnée précipitamment. Son contenu se répandit dans la boue.

Un soldat le bouscula en courant.

- Allons ! Sors de là ! Tu vois pas que tu gênes ? On n'a pas besoin de civils. Ou alors enfile un uniforme.

Jules s'aplatit contre le remblai de terre. Une détonation plus forte, plus proche, lui vrilla les tympans. Instinctivement, il porta les mains à ses oreilles. Une pluie de boue et de cailloux se déversa sur son dos. Il cria.

- Ce n'est rien, rassura Raoul qui avait boitillé jusqu'à lui. Une rafale qui a démoli une partie du remblai.

Spontanément, les soldats restés dans la tranchée, posèrent les fusils et s'attaquèrent à la butte pour la consolider.

Jules enfourna son cahier et son crayon dans sa poche et attrapa, lui aussi, les sacs pour les relever et les entasser. Puis, à pleines mains, il prit les mottes de terre et les plaqua pour calfeutrer les trous. Il fallait travailler vite, prendre de vitesse la pluie qui ramollissait tout, au fur et à mesure.

- Ça va, mon gars, fit un caporal qui dirigeait la manœuvre, en lui donnant une tape amicale sur l'épaule. Ça va tenir… jusqu'à la prochaine.

Fourbu. hébété, Jules s'affala sur le sol,. Raoul se laissa tomber à ses côtés.

- C'est plus dur que d'arracher des pommes de terre, lâcha-t-il d'une voix essoufflée.

Jules sourit.

- Parce que vous arrachez des pommes de terre, vous ?
- Eh, mon gars, quand je vais chez ma mère, en Normandie.

Au-dessus de ce boyau sordide, la bataille continuait.

Fernand ! Jules regrimpa sur le talus. Mais que pouvait-il voir dans cette tourmente, cette fumée, cette boue ? Ses oreilles bourdonnaient du vacarme : clameurs des combattants, détonations des fusils, crépitements des mitrailleuses, coups sourds des canons.

Il se sentit violemment tiré par son manteau et dégringola dans la boue. Un adjudant se pencha sur lui en hurlant :

- Tu es fou, non ! Tu peux te faire tirer comme un lapin.

- Quand le combat cessera-t-il ? demanda-t-il d'une voix tremblante.

- Ça ne dure jamais bien longtemps. Il y a dix, douze sorties dans la journée, marmonna l'adjudant en s'éloignant.

Bientôt les détonations s'espacèrent.

- Ils reviennent, cria Raoul, à cinq mètres de lui.

Jules s'adossa à la paroi de terre le cœur battant d'appréhension. Un à un, les soldats émergeaient et se laissaient tomber, exténués, dans le fond de la tranchée, indifférents à la boue. Anxieux, Jules les dévisageait. Il ne voyait pas Fernand.

Et soudain, il sursauta. Une poigne de fer venait de s'abattre sur son épaule.

- Hé, vieux frère ! Je suis là. Tu croyais te débarrasser de moi facilement.

Fernand, le visage maculé de boue, riait, heureux d'avoir échappé encore une fois à la mort. Jules se leva, le serra contre lui.

- Ce que j'ai eu peur !

- Et moi, donc !

Puis le regardant gravement :

- Tu repars quand ?

Jules eut un regard vers Raoul.

- Faut lui demander. Je suis aux ordres, lâcha-t-il.

## 8

Le vaguemestre s'arrêta devant Raoul et lui tendit une lettre.

- Je pense que c'est pour vous, monsieur. Un courrier à l'en-tête de l'Humanité. C'est bien vous le journaliste ?

Raoul prit le pli et le déplia. Il avait déjà envoyé deux articles et aucune réaction du rédacteur en chef. Jules s'était approché.

- J'espère qu'il nous dit de rentrer. J'en ai plein les bottes de ce bourbier, de ces détonations, grogna Raoul en lisant les premières lignes.

Jules vit son visage se renfrogner, ses sourcils se froncer.

- Alors ? demanda-t-il.

- Alors... Monsieur Marmelon n'est pas content du travail que je lui fournis. Trop mou... pas assez vivant... Qu'est-ce qu'il veut ? Que je parte à l'assaut ? J'suis pas soldat, moi ! Et ma patte folle ne me permet pas les excentricités.

Jules sauta sur l'occasion.

- Je peux y aller à votre place, moi.

Braban leva sur lui un regard éteint.

- Allons, ne dis donc pas de bêtises.

Il fourra la lettre dans sa poche et s'en alla vers la cahute du commandant.

Le détachement, parti en reconnaissance une heure plus tôt, revenait à ce moment-là, poursuivi par la mitraille de l'ennemi. Les hommes sautèrent, roulèrent dans la tranchée pour échapper aux balles. Il y eut un hurlement, perçant le vacarme.

- Quelqu'un est blessé ! hurla le sergent en comptant ses hommes.

Mais tous se relevaient indemnes. Un seul resta empêtré dans la boue : Raoul ! Un des soldats lui était tombé dessus.

- Ma jambe... ma jambe... se plaignait le journaliste en tenant son mollet.

Jules s'était accroupi près de lui. Le sergent appela le major.

- Fracture, diagnostiqua ce dernier, après l'avoir examiné.

- Cassée ! pleurnicha Raoul. Cette jambe-là a vraiment la guigne !

- Eh bien… vous allez être obligé de passer à l'arrière, dit Jules.

- Marmelon sera furieux. Tant pis ! Allez viens, petit. Inutile de croupir plus longtemps ici, lança-t-il d'un ton satisfait, malgré la douleur de la fracture.

Jules se redressa.

- Non ! Moi, je reste.

- Tu es fou !

- Il faut bien quelqu'un pour donner des nouvelles du front.

C'était sa chance et il ne la laisserait pas passer.

****

Raoul, la patte en l'air, appuyé sur des béquilles, se tenait devant eux.

- Tu es sûr de ce que tu fais ? demanda-t-il une dernière fois à Jules.

- Absolument. Vous direz au rédacteur en chef que je lui enverrai un papier tous les jours.

Sa décision avait été spontanée et il ne regrettait pas. Seule ombre : il allait faire de la peine à sa famille. Ils trembleraient pour lui. Mais il ne doutait pas qu'ils comprennent.

D'ailleurs, il s'en expliquait dans la lettre qu'il tendit au journaliste en même temps que les deux feuillets de son premier article.

- Portez ça à ma famille. Vous pouvez faire ça pour moi ?

Raoul eut un léger haussement d'épaules.

Jules avait écrit la lettre et l'article rapidement, sur ses genoux, avant que la nuit ne tombe tout à fait.

- Avec ces deux feuillets, Marmelon se rendra compte de ce que je vaux, dit-il.

Raoul sourit.

- Je les ai lus. C'est bien, petit. Presque aussi bien que moi, ajouta-t-il avec un clin d'œil.

Ils s'étreignirent.

- Tu es un petit gars courageux. Sois prudent tout de même, marmonna le journaliste.

- J'y veillerai, fit Fernand.

- Dites-leur bien à mon père et à ma sœur que je ne risque rien.

- J'espère que tu ne me feras pas mentir.

Il serra Fernand dans ses bras et sautilla sur ses béquilles pour suivre le soldat qui allait le guider jusqu'à l'arrière des lignes.

Jules se tourna vers son ami et enserra ses épaules de ses mains.

- Maintenant, il faut convaincre le capitaine.

Fernand sourit. `

- Je te fais confiance. Tu m'as l'air d'un sacré entêté.

Jules se leva et partit donc le long de la tranchée, à la recherche de l'officier. Il lui semblait avoir pris 10 ans en quelques minutes. Il se sentait grandi, rien ne subsistait du gamin rabroué par les scribouillards du journal. Et cette sensation, ce bien-être, le confortaient dans sa détermination.

Il entra dans la cahute du capitaine. En le voyant, ce dernier s'exclama :

- Tu es encore là, toi ?

- Oui, mon capitaine. Mon collègue blessé est évacué vers l'arrière. Mais il faut bien quelqu'un pour rendre compte. Je viens vous demander la permission de rester.

Le lieutenant fronça les sourcils.

- Qu'est-ce que c'est que cette lubie ? Tu t'engages ?

- Non, mon lieutenant. Vous m'avez dit de faire mon travail. Et c'est ce que je veux faire, en restant avec vous. Je ne suis plus l'assistant de l'envoyé spécial du journal "l'Humanité", mais son correspondant permanent.

Le gradé hésitait à donner le feu vert. Un petit jeune plein de fougue, mais vraiment trop jeune.

- Tu vas causer du chagrin à ta mère. Rentre chez toi.

- Je n'ai plus de mère. Et mon père est d'accord, mentit Jules avec aplomb.

- Mais attention : si je te vois prendre le moindre risque, tu repars à Paris.

- Merci, mon capitaine, répondit Jules d'une voix forte, en faisant le salut militaire et en claquant des talons.

Le sourire aux lèvres, il rejoignit Fernand en courant et s'affala à ses côtés.

- C'est d'accord. À partir de cette minute, tu as l'honneur d'avoir devant toi le correspondant permanent de l'"Humanité".

Fernand secoua la tête.

- Tu es complètement fou et inconscient.

- Inconscient ! s'écria Jules. Pas du tout. Je gagne mes galons de journaliste. Après ça, ils seront bien obligés de me garder. Tu verras, ils vont être baba des articles que je vais leur envoyer.

Fernand sourit et prit la main de son ami.

- J'ai peur pour toi, et je vais veiller à ce que tu ne fasses aucune bêtise. Mais je suis tellement content que tu sois là.

Le lendemain, un agent de liaison se présenta de bonne heure au poste de commandement. La compagnie changeait de secteur. Ils allaient relever le 21ème chasseur dans un secteur plus à l'Est.

À l'annonce de ce départ, un soldat, près de Jules, s'insurgea.

- Quoi ? La cote 123 ? Mais ils sont fous ! On en vient. Et je peux vous dire qu'on s'est rudement battu là-bas.

- Eh bien, tu y retournes, ponctua un sergent en passant. C'est les ordres. Et c'est comme ça.

Fernand préparait déjà son paquetage. Il regarda Jules.

- Ici, mieux vaut ne pas avoir d'état d'âme. Tu vas où on te dit; tu fais ce qu'on te dit.

- C'est quoi cette cote 123 ?

- Plus près de l'Allemagne. Elle n'a pas bonne presse auprès des soldats. Les combats y sont très durs.

Après l'échauffourée de la veille, l'atmosphère dans la tranchée était plutôt à une certaine quiétude, un peu lasse. Soudain, l'ambiance devint fébrile. Jules, comme les autres, se mobilisa sur cette nouvelle destination.

À la nuit tombée, la compagnie se mit en route, en colonnes par deux. Un défilé, grave, silencieux, le long des boyaux détrempés et obscurs. Il s'agissait de ne pas alerter l'ennemi par le mouvement de troupes.

- Baisse-toi, conseilla Fernand qui marchait devant Jules. Il y a souvent des balles perdues.

Comme pour lui donner raison, une rafale siffla au-dessus de leurs têtes. La colonne s'immobilisa, les hommes se pelotonnant au fond du trou.

- Allez, on avance, souffla un sergent en les pressant.

Ils se remirent en route, chacun mettant ses pas dans les pas du précédent. Dans ce labyrinthe de boyaux tous semblables, il était vite fait de se perdre. Ils avançaient à l'aveugle, dans la plus complète obscurité.

- Attention, trou d'obus…

La consigne se répéta de l'un à l'autre, à voix basse.

Jules titubait dans le noir.

- Allez, avance ! Qu'est-ce que tu fous ? souffla le gars derrière lui.

Jules pressa le pas.

- Attention… On sort de la tranchée. Faites passer.

L'information courut le long de la colonne. Jules émergea à l'air libre. Sans hésiter, comme les autres, il se jeta dans la boue, s'aplatit sur le sol, les battements du cœur passés à la vitesse supérieure. Il fallait ramper en terrain découvert, sur le flanc d'une colline, pour rejoindre l'autre boyau.

Entre les deux, un fossé de boue. Un à un, les soldats sautèrent par-dessus. Un premier cri les cloua sur place.

- Qu'est-ce qui se passe ? chuchota Jules en tirant Fernand par sa capote.

- Un des gars est tombé dans le fossé.

Ils accoururent. Dans la faible lueur de la nuit, ils voyaient l'homme s'enliser jusqu'au cou dans la boue. Il se débattait.

- Ne bouge surtout pas, murmura Fernand et s'accroupissant au bord. Allez, tends ta main.

Le camarade s'exécuta. Jules prit l'autre main et ils le tirèrent de ce mauvais pas.

- Merci les gars.

- Allez, allez, on y va, pressa le sergent en les poussant en avant.

Ils rejoignirent la colonne qui avait continué. À marche forcée, la peur crispant l'estomac, ils atteignirent enfin l'autre tranchée où ils s'affalèrent en soupirant d'aise. Ici, ils se sentaient tout de même plus en sécurité.

Le 21ème chasseur les attendait avec impatience.

- Comment c'est ici, les gars ? demanda Jules.

- Qu'est-ce que tu fiches ici, le jeune blanc-bec ? T'es pas soldat.

- Journaliste.

- Ici, c'est mauvais. On vous souhaite bonne chance.

La colonne s'ébranla le long du boyau, leur laissant la place.

- Ils ont de la veine, murmura Fernand. Viens. Les tranchées, ce sont de vrais dédales. Demain, il faudra reconnaître les lieux, sinon, quand tu reviens d'une sortie, t'es perdu et tu ne retrouves pas ta compagnie.

- Pourquoi ? Il y en a plusieurs ?

- Evidemment.

Les sergents et les lieutenants plaçaient les hommes, les sentinelles. Chacun se trouvait un coin pour finir la nuit. On distribua les rations. Tous étaient fourbus par cette course.

Un soldat alluma une bougie. Deux ou trois compagnons se groupèrent autour. Jules se joignit à eux. Il tira son cahier et commença son second article, qu'il intitula : "la relève".

## 9

Il pleuvait. Jamais un mois de décembre n'avait été aussi pluvieux. Abrités comme ils pouvaient, sous des bâches, sous leurs capotes, les soldats n'en étaient plus à une trombe d'eau près.

Jules prit la gamelle que lui tendait le cuistot. Il renifla la tambouille et fit la grimace. Décidément, même après un mois de tranchée, il avait du mal à s'y faire.

- Mange ! ordonna Fernand, assis à ses côtés, sur une planche qui les isolait de la boue.

- Si tu crois que cette bouillie infâme donne de l'appétit.

- Tu n'as déjà rien mangé hier soir.

- J'ai bu le café ce matin et mangé la tranche de pain. Ça me suffit.

- Comme tu voudras, marmonna Fernand en avalant une cuillérée. Ce que tu peux être entêté.

Un caporal, qui répondait au prénom de Francis, interpella Jules de l'autre bout de la tranchée.

- Eh ! Le scribouillard… Cette nuit, je ne te veux pas à côté de moi. Tu n'arrêtes pas de parler, ça me réveille.

Il regarda les autres.

- Il appelle sa petite amie : Catherine… Catherine…

Il y eut une avalanche de rires qui couvrirent la réponse offusquée de Jules.

- C'est ma sœur !

- Laisse tomber. Ils ne te croiront pas, objecta son ami en raclant le fond de sa gamelle.

Jules mordit dans son quignon de pain. C'est vrai qu'il pensait souvent à Catherine… Mais au point d'en parler en dormant… Il n'aurait pas cru qu'elle lui manquerait autant, sa petite sœur. À Paris, ils avaient bien dû accepter sa décision de rester sur le front. Catherine avait écrit qu'elle comprenait. Parfois, Jules était honteux du souci qu'ils se faisaient journellement pour lui. Une honte qui se dissipait dans le feu de l'action, la hâte de rapporter ce qu'il voyait, ce qu'il vivait.

- Qui en veut ? proposa-t-il en levant sa gamelle au-dessus de sa tête.

Trois, quatre mains se tendirent. Il l'abandonna au plus rapide. Puis, il prit son crayon, son cahier et inscrivit le titre de son prochain article : "Le festin du poilu".

La journée fut calme, ce qui était très inhabituel. Les officiers, jumelles vissées à l'œil, inspectaient les tranchées de l'ennemi, la mine ombrageuse.

- Qu'est-ce qu'ils nous préparent comme tour de cochon ?

Jules leur tourna autour.

- Vous craignez quoi, mon capitaine ?

Le gradé fit la grimace.

- Eh bien, écoute petit : soit ils sont en train de creuser des galeries pour poser des mines. Mais, dans ce cas, on devrait entendre les sapeurs qui creusent le sol. Soit ils attendent des renforts et la prochaine attaque sera terrible.

Jules écrivait, arpentait la tranchée, notait comment les soldats occupaient ce jour de repos forcé. Les uns jouaient aux cartes, ou aux dés, d'autres écrivaient, certains brossaient leurs capotes pour les débarrasser des plaques de boue. Un jouait de l'harmonica; un autre lisait. Mais beaucoup dormait. C'était si rare de pouvoir récupérer.

C'est sur le coup de 9 heures du soir, alors que chacun avait trouvé sa place pour s'allonger, que les premières balles sifflèrent au-dessus de leurs têtes.

Aussitôt, ce fut branle-bas de combat. Jules n'était pas le dernier. Ce serait sa troisième sortie. Il avait fallu un certain temps avant que le lieutenant accepte qu'il les accompagne sur le champ de bataille.

- Quoi ! sursauta Fernand en le voyant enfiler un lourd manteau. Tu sors encore avec nous ? Ça ne te suffit pas ?

- Je dois rendre compte, mon ami. Rendre compte ! Et je ne peux le faire qu'en étant parmi vous. C'est la première chose qu'un soldat m'ait dite le jour de mon arrivée.

Les poilus piétinaient devant le remblai, prêts à l'escalader dès que l'ordre en serait donné.

Francis, à côté de Jules, murmura :

- J'espère que je serai blessé pour sortir de cet enfer.

Ce n'était guère patriotique, mais pouvait-il lui en vouloir ? Jules sortit son carnet, griffonna rapidement.

- Qu'est-ce que t'écris encore ? bredouilla Francis. Tes dernières volontés ?

- Ce que tu viens de dire.

- Eh, blanc-bec, t'es qu'un mouchard ! s'écria Francis, rouge de colère en tentant de ui arracher le cahier.

- Mais non ! C'est une parole de soldat anonyme, c'est tout.

Le lieutenant s'était dressé.

- En avant ! hurla-t-il, par-dessus la mitraille.

- En avant ! répétèrent les sous-officiers.

Des centaines d'hommes émergèrent de leur trou en hurlant et en tirant, au jugé. Dans la nuit, les éclairs des explosions étaient de monstrueux feux d'artifice.

- Tu es fou ! Tu es complètement fou ! cria Fernand en courant. Un article ne vaut pas que l'on risque sa vie. Reste derrière moi, au moins.

Jules courait, comme les autres, tremblait de peur, comme les autres, priait pour que tout s'arrête vite, comme les autres. Tous ses sens en alerte, il enregistrait l'avancée des poilus, les trous d'obus dans lesquels ils s'enlisaient, les camarades qui tombaient et les sergents qui criaient :

- Ne vous arrêtez pas ! Continuez ! Les ambulanciers sont là pour ça.

Le canon de 105 envoyait ses projectiles au-dessus des têtes. Jules courait, la tête rentrée dans les épaules fermant les yeux à chaque gerbe de boue et d'eau qui jaillissaient à chaque impact. Dans les éclairs aveuglants des balles traçantes, Jules ne voyait plus rien, hormis le dos de Fernand qui courait devant lui.

Et soudain, ce dos rassurant eut un soubresaut. Fernand s'arc-bouta et s'écroula dans la boue.

- Fernand ! hurla Jules en se précipitant sur son ami.

Les éclairs intermittents de la mitraille éclairaient son visage convulsé de douleur.

- Continue, intima Fernand. Ne t'arrête pas.

Jules ne l'écoutait pas. Il s'était agenouillé et le prenait dans ses bras.

- Tu es blessé où ?

- Je ne sais pas, bredouilla Fernand. Dans la poitrine… J'ai mal.

- Je vais chercher du secours.

Il se releva, courut, sans entendre que son ami articulait péniblement que ce n'était pas la peine. Dans sa tête en feu, il n'y avait plus rien : que les ambulanciers… Vite… Fernand est blessé. Il ne ressentait plus ni peur, ni fatigue.

- Un ambulancier ! Un ambulancier ! cria-t-il en revenant vers l'arrière, à contre courant de la horde des soldats.

Un caporal l'agrippa.

- Mets-toi à l'abri.
- Non ! Il y a un blessé.

Il se dégagea, reprit sa course. Pas pour longtemps. Un hurlement de douleur le cloua au sol où il s'écroula en tenant sa jambe. La douleur partait du pied et irradiait jusqu'à la cuisse.

- Tiens bon. Ils arrivent, cria un camarade en passant près de lui en courant.

Deux infirmiers accouraient, portant un brancard. Ils se penchèrent vers Jules.

- C'est mon pied, cria-t-il. Ce n'est rien. Occupez-vous plutôt de mon ami, là-bas.

En même temps, il désignait sur sa gauche, l'endroit où il pensait avoir laissé Fernand.

- On va le faire. T'en fais pas, mon petit gars, fit un des infirmiers.

Ils le prirent un par les bras, l'autre par les jambes, et le posèrent sur le brancard pour repartir à toute allure vers l'arrière. Secoué, ballotté d'un côté et de l'autre, selon les trous d'obus que les brancardiers devaient éviter, Jules ne cessait de gémir :

- Mon ami… mon ami…

Ils atteignirent enfin la tranchée, passèrent le brancard, puis coururent jusqu'à l'arrière, vers l'hôpital de campagne organisé sous une tente.

Là, ce n'étaient que gémissements et plaintes. Un homme, à la blouse blanche tachée de sang, se pencha au-dessus de Jules qu'il examina d'un rapide coup d'œil. Il n'avait, hélas, pas le temps de s'appesantir sur chaque cas.

- La cheville, renseigna un des brancardiers.

L'infirmier fit un geste vers la droite. Jules y fut emmené alors qu'il demandait encore :

- Mon ami, vous vous en occupez ?

- Bien entendu ! Tu ne penses pas qu'on va le laisser pourrir dans cette boue.

Pour les deux brancardiers, leur tâche auprès de Jules était terminée. Ils repartirent vers d'autres blessés.

Au loin, la bataille diminuait d'intensité. Jules, à bout de forces, s'abandonna aux mains du médecin.

Il ne reprit vraiment vigueur qu'au milieu de la nuit. De maigres quinquets éclairaient chichement les grabats alignés les uns à côté des autres. Jules tourna la tête sur sa droite. L'homme, immobile, muet, semblait dormir. Jules frissonna. Peut-être était-il mort ? À sa gauche, le blessé geignait doucement. Une plainte continue qui s'échappait de ses lèvres entrouvertes.

Les médecins et infirmiers passaient devant lui, Débordés, rapides, ils allaient de l'un à l'autre, apportant le soulagement qu'ils pouvaient.

- S'il vous plait ? bredouilla Jules en tendant le bras vers l'un d'eux.

- Ah ! Tu es réveillé, fit le médecin en approchant.

Il prit son poignet, tâta le pouls, posa une main sur son front.

- Ça va. Tu n'as pas l'air d'avoir de fièvre. Tu n'as pas d'uniforme. Tu n'es pas engagé. Tu as quel âge ?

- 16 ans, avoua Jules.

- 16 ans ! se récria le médecin. Mais c'est de la folie. Tu vas rentrer vite fait, réintégrer les jupes de ta mère, gronda-t-il.

- D'abord, je n'ai plus de mère ; Et ensuite, je suis journaliste, expliqua Jules.

- Ils sont fous de les envoyer aussi jeunes. Ils n'ont donc plus personne ?

- Qu'est-ce qu'on m'a fait ? demanda Jules

- On a essayé de réparer ton os broyé, à la cheville. On a tout fait pour que tu ne boites pas. Mais tu rentres à la maison.

- Mais, mon ami, Fernand Lebon ?

- Ici, tu sais, les noms… Pour nous, c'est une cheville, un thorax, la tête, etc…

- Il était blessé à la poitrine…

- Hélas ! Il n'est pas le seul, conclut le médecin.

- Et celui-là, fit Jules en montrant l'homme sur sa droite.

Le médecin approcha du blessé, se pencha tout près de ce corps inerte et se releva rapidement, en tirant le drap sur le visage.

- Pour lui, c'est fini, murmura-t-il en s'éloignant.

Et c'était tout ? Un éloge funèbre plutôt rapide. Une vie, tout de même ce n'était pas rien… Jules soupira en s'abandonnant à la douleur lancinante. Ils en voyaient tant et tant, ils devaient se blinder… Dans sa torpeur, une obsession cependant : comment savoir où était Fernand ? Jules tenta de se lever, mais il retomba bien vite sur son matelas, en sueur. Il ferma les yeux, anéanti par la fatigue.

Le caporal Francis entra dans la tente. Le front plissé, la lèvre amère, il n'était pas très fier de la nouvelle qu'il apportait. Il alla d'un lit à l'autre et s'arrêta quand il découvrit enfin Jules. Celui-ci semblait dormir. Il s'approcha doucement du lit, mais le jeune homme ouvrit les yeux.

- Ah ! C'est toi, articula-t-il, la bouche sèche.

- Alors, veinard, plaisanta Francis. Pour toi, c'est la planque. Tu vas passer Noêl en famille, à ce qui paraît. C'est pas moi qui aurais eu cette veine !

Jules agrippa son bras.

- Dis… Tu as des nouvelles de Fernand ?

Le visage de Francis se ferma. Jules frémit.

- Il est gravement blessé ? demanda-t-il d'une voix éteinte.

- Ecoute… commença le caporal.

Jules détourna la tête.

- Pas besoin d'en dire plus. J'ai compris, bredouilla-t-il en retenant ses larmes.

Le silence s'installa avant que Francis ne reprenne :

- Il était déjà mort quand les ambulanciers sont arrivés près de lui.

La honte, le chagrin étreignait son cœur.

- Il est mort tout seul… Je l'ai laissé. Je n'étais pas près de lui.

-Tu allais chercher du secours, Jules. Tu n'as rien à te reprocher.

- J'aurais dû… j'aurais dû… balbutia-t-il.

Francis se leva.

- Repose-toi. Je reviendrai demain, avant que tu ne sois évacué à l'arrière.

## 10

Jules aurait voulu monter Jles trois étages quatre à quatre. Hélas ! La blessure à sa cheville l'obligeait à prendre son temps.

Quand, enfin, il atteignit le palier du troisième, son cœur battait comme un fou. Dans quelques secondes, il serrerait son père et sa sœur dans ses bras. Après toutes ces horreurs, quel bonheur !

Il frappa et perçut un pas traînant. La porte s'ouvrit.

- Toi ! s'exclama son père, le visage soudain illuminé.

Il ouvrit les bras et Jules s'y blottit, comme un petit enfant. Longtemps, ils restèrent ainsi enlacés sur le palier.

- Mais entre, fit enfin Gaston.

Jules entra, posa son paquetage près de la porte. Son regard fit le tour de la pièce. Il lui semblait être parti depuis des années. Il avait tant vécu en quelques mois, tant grandi.

- Quel plaisir de se retrouver ici, murmura-t-il en se tournant vers son père.

Ils s'observaient avec une certaine timidité. Le fiston était un homme à présent. Et Jules savait que la relation avec son père ne serait plus jamais comme avant.

- Où est Catherine ? demanda-t-il enfin.

Le visage de Gaston s'assombrit. Il détourna les yeux et alla s'asseoir à la table. Il se laissa tomber pesamment sur une chaise. Jules s'empressa.

- Que se passe-t-il ? jeta-t-il en attrapant la seconde chaise.

Son père leva sur lui un regard chargé de tristesse.

- Rien de grave. Rassures-toi.

Jules n'en crut pas un mot. Il prit le bras de son père, le secoua, et répéta d'une voix ferme qu'il ne s'était jamais permis :

- Où est Catherine ?

- Tu n'as pas reçu ma lettre ? Je t'expliquais tout. Quand ta sœur a appris ta blessure l'inquiétude l'a rongée. Elle me répétait : « il a besoin de moi. » Aussi quand notre voisine, tu sais madame Gerrini, s'est engagée comme infirmière, Catherine n'a eu de cesse de lui demander de l'accompagner. Hélas ! Elle était justement affectée à ton secteur. Madame Gerrini a fini par accepter en lui faisant promettre de rentrer dès qu'elles t'auraient retrouvé.

- Folie… murmura Jules effondré par la nouvelle.

- Elle te cherche quelque part, là-bas, acheva Gaston dans un souffle.

- Et les autorités ont laissé partir une jeune fille de 14 ans ? s'écria Jules furieux.

- Catherine s'est un peu vieillie. Et madame Gerrini l'a faite passer pour sa fille.

- Elles sont folles ! Catherine est bien trop jeune.

- Et toi, crois-tu être si vieux que ça ?

Ils se regardèrent. C'était vrai qu'il s'était jeté dans l'aventure sans penser à son jeune âge.

Jules se leva en proie à l'angoisse. Il savait, lui, quel enfer sa sœur vivait. Mais pouvait-il l'expliquer au père ?

- Elle est folle… elle est folle… répéta-t-il en marchant de long en large.

- Arrête de bouger ! marmonna Gaston. Tu me donnes le tournis.

Jules revint s'asseoir près de lui.

- Mais que fait-elle là-bas, à part me chercher ?

- Elle aide. Elle se rend utile.Tu sais, ils ne sont pas si regardant. Ils ont besoin de toutes les bonnes volontés. Cette guerre est si meutrière.

Jules ferma les yeux, imagina sa sœur, si jolie, si délicate, confrontée aux pansements, aux plaies, à la mort. Il regarda son père.

- Tu ne sais pas ce que c'est. C'est épouvantable, c'est l'horreur, au-delà de tout ce que l'on peut imaginer.

- Aux dernières nouvelles, elles étaient dans un hôpital.

- Un vrai hôpital ?

Gaston baissa la tête.

- Je ne sais pas.

Jules se sentit soudain accablé par le poids de la responsabilité. Ainsi ce serait de sa faute ?

Elle est partie voici trois semaines, reprit Gaston. Elle m'a envoyé tout de suite une lettre que j'ai reçue hier.

Gaston se leva, alla jusqu'à sa chambre. Il ouvrit le tiroir de la table de nuit, en sortit la lettre, et revint s'asseoir à côté de son fils.

- Tiens, lis, fit-il en la lui tendant.

Catherine avait une écriture encore enfantine, appliquée.

Jules déplia le feuillet.

"Mon papa, nous sommes arrivées hier soir. Nous avons été accueillies chaleureusement par les médecins qui sont débordés. Nous sommes dans le secteur de la 4ème armée, commandée par le général de Langle de Cary. L'hôpital est installé dans un immense hangar. Ne t'inquiète pas. Tout va bien. Il y a beaucoup de travail mais je n'ai pas encore retrouvé Jules. Je te demande pardon de t'avoir fait de la peine. Mais surtout, je te le redis. Ne t'inquiète pas. Je t'écrirai plus longuement bientôt. Si tu as des nouvelles de Jules, tu me les communiques. Je t'embrasse très fort. Catherine."

Suivait l'adresse où on pouvait envoyer le courrier. Jules replia lentement la lettre et la posa sur la table.

- Tu vois, elle ne va pas si mal, murmura son père.

- Oui… en effet.

Il se leva. C'est ce qu'elle disait. Mais la vérité était tout autre. Jules revit les lits, alignés les uns à côté des autres, le sang, les taches sur les blouses des soignants. Il entendit les râles, les gémissements, les cris de douleur. Catherine vivait tout ça. Mais était-elle taillée pour affronter une telle boucherie ? Il crispa les mâchoires de rage. Quel besoin avait-elle de jouer les héroïnes. Le front n'était pas une scène de théâtre. Et, en même temps, il l'admirait. Ah ! Catherine… Fidèle à elle-même.

Il se leva et alla jusqu'à la porte. Gaston s'affola.

- Tu t'en vas déjà ? Bois au moins quelque chose.

- Je vais au journal. Je reviens ce soir, père. Nous ferons un bon petit repas.

- Mon pauvre, tu rêves ! Il n'y a plus grand chose à manger.

- Nous trouverons.

Jules ouvrit la porte palière et ajouta :

- Et… je suis là pour un bout de temps. Le taxi, ça marche ?

- Oui, ça va. Je travaille cet après-midi. Je finirai de bonne heure pour passer la soirée avec toi.

Ils s'embrassèrent et Jules attaqua d'un pas hésitant les premières marches de l'escalier. Gaston, penché sur la rampe, fronça les sourcils.

- Cette blessure ? demanda-t-il avec inquiétude.

Jules s'arrêta dans l'escalier.

- Trois fois rien. Une balle dans la cheville. Dans quelques jours, je ne boiterai même plus. Mais ça nous permettra de passer Noêl ensemble.

****

Au journal, il fut reçu comme un héros. Les jeunes, comme les vieux, tout le monde l'entoura.

- Alors, comment c'est là-bas ?… Tes papiers sont formidables… Ce doit être terrible… Mais tu es même blessé…

Chacun y allait de son petit couplet. Soudain, Jules devenait un personnage, lui qui n'avait été qu'un porte dépêches pendant tant de temps, lui qui avait dû batailler, persévérer pour devenir enfin journaliste. Et un journaliste reconnu ! Ça lui faisait chaud au cœur.

Quand il entra dans le bureau de Marmelon, le rédacteur en chef, celui-ci se leva et vint vers lui pour lui serrer la main. Jules lui rendit timidement sa poignée de main.

- Bravo, mon petit. Vos papiers sont vivants. Ils transpirent la vérité toute nue, affreuse. C'est ce qu'il faut à nos lecteurs.

Tiens ! Brusquement il lui donnait du « vous ».

Marmelon eut un coup d'œil vers la cheville.

- Vous repartez quand ? Car, vous repartirez, n'est-ce pas ?

- Bien entendu, monsieur. Dès que mon pied me permettra de remarcher normalement.

Le rédacteur eut un soupir heureux.

- Ah ! C'est bien, mon petit. Je salue votre courage. Il nous en faudrait beaucoup des journalistes comme vous.

Marmelon n'avait-il aucun scrupule à envoyer au front presque un enfant ?

Il mit la main à sa poche, en sortit quelques billets qu'il lui tendit.

- Vous avez droit à une prime, évidemment.

- Une prime de risque, sourit Jules.

Le chef eut brusquement honte et admit, du bout des lèvres :

- C'est cela.

Le rédacteur, jugeant sans doute qu'il en avait fait suffisamment, alla se rasseoir derrière sa table. Mais Jules ne bougea pas.

Marmelon releva la tête, l'œil interrogateur.

- Je voudrais une faveur, monsieur.

Il s'amusa de la mine surprise et presque offusquée de son chef.

- Bien entendu. Tout ce que vous voudrez, dit tout de même ce dernier.

- Ce soir, pour fêter mon retour, je voudrais faire un vrai, un bon repas avec mon père. Et il n'y a plus grand chose dans les épiceries. J'ai pensé que…

Le visage du rédacteur s'éclaira. Ce n'était que cela…

- Rien de plus simple.

Il se pencha par-dessus son bureau.

- Allez de ma part chez Boureuil, aux halles. Il vous fera un prix et vous trouverez ce qu'il vous faut.

- Merci, monsieur.

Jules quitta le journal, fort content. Ils savaient tout de même se débrouiller à l'arrière. Enfin… ceux qui pouvaient payer…

**11**

Noêl cette année 1914 ne fut pas une fête joyeuse. Jules, grâce à Boureuil, avait pu dénicher quelques denrées qui sortaient des pommes de terre et de la couenne de porc.

Le tête à tête avec le père fut d'une tristesse accablante. Paris essayait de retrouver un peu de légèreté, mais c'était difficile. Cette guerre, qui ne devait être qu'un aller-retour vers Berlin… Combien de temps encore ces hommes valeureux se feraient-ils tuer ?

Quand le courrier voulait bien marcher, ils avaient des nouvelles de Catherine. Et elle ? Recevait-elle leurs lettres, expliquant que Jules était à Paris, avec le père ? Qu'attendait-elle pour rentrer ? Jules se promettait bien d'aller la voir et de la sermonner.

Courant janvier, il estima que sa convalescence était terminée. Il avait fait traîner un peu pour ne pas quitter le père. Mais l'inaction lui pesait.

Un matin de février, il se présenta au rédacteur en chef.

- Voilà… Je suis prêt à repartir. Je veux que vous m'envoyer dans le secteur de la 4ème armée.

Le rédacteur se leva, alla jusqu'à la carte des opérations, épinglée au mur.

- Elle opère entre Reims et Chalons sur Marne. C'est une zone de combats intenses. Tu es au courant que Joffre prépare une seconde offensive en Champagne ?
- Je sais.
- Ne prends pas de risques.

Les scrupules à envoyer ce gamin dans un secteur aussi dangereux lui venaient sur le tard. Tout ça pour faire du tirage ! Comme ce n'était pas un mauvais bougre, son embarras l'emporta.

- Je ne devrais pas. Nous allons choisir un coin moins exposé.

- Monsieur, déclara Jules d'une voix ferme. C'est ce secteur ou rien.

- Quoi ? Tu ne repartirais pas ?

- Non, monsieur.

Le rédacteur revint s'asseoir à sa table et prit son crayon entre ses doigts pour le faire tourner.

- Peux-tu me dire pourquoi tu tiens tant à aller dans ce coin.

- Parce que ma sœur est infirmière par là.

- Ah…

Il prit un papier et sans regarder Jules :

- Je fais le nécessaire pour tes laisser-passer.

****

Dans l'immense espace du hangar, les infirmières et les médecins pouvaient à peine circuler entre les lits, les matelas, les grabats alignés côte à côte. Les plaintes, les gémissements, ne cessaient jamais. Parfois Catherine aurait voulu se boucher les oreilles pour ne plus rien entendre. Elle savait que chaque son aigü ou sourd était le symptôme d'une souffrance. Mais qu'est-ce qui était le plus insupportable ? Cette complainte sans fin, ou le fait de savoir que ces hommes souffraient, sans qu'ils n'y puissent pas grand-chose ?

Parfois le courage lui manquait et elle se maudissait d'avoir tant voulu retrouver ce frère blessé. Maintenant, elle savait qu'il allait bien, qu'il avait eu une permission, qu'il avait passé Noël avec le père. Elle aurait pu rentrer à Paris, mais elle se savait si utile ici. Tous ces hommes auxquels son jeune âge apportait un peu de réconfort quand ils lui disaient : « tu me rappelles ma fille »

Elle avait en charge la rangée 3. Toute la journée, infatigable, elle allait de l'un à l'autre, apportant soutien, réconfort moral, un peu d'eau, à défaut de médicament qui, souvent, manquait.

- Catherine ! Il faudrait aller voir le 21. Il n'en a plus pour très longtemps.

Elle fit un signe de tête affirmatif à l'infirmière en chef et se glissa jusqu'au lit 21. C'était un homme d'une trentaine d'années. La tête enturbannée d'un énorme pansement, constamment taché de sang. Hélas ! Ils n'avaient plus de bande pour le changer. Et puis, à quoi bon, maintenant ? Le bandage obstruait ses yeux.

Il tendit la main.

- C'est vous, mademoiselle Catherine ?

Elle s'assit sur le lit, prit cette main qu'elle serra entre ses doigts.

- Oui, je suis là.

- Dites, vous avez les yeux de quelle couleur ? Vous ne me l'avez jamais dit.

- Bleus.

- Ce doit être joli avec vos cheveux chatain doré.

Elle connaissait tout de lui. Il lui avait longuement parlé de sa femme, de leur fille, âgée de 5 ans, de son métier de plombier.

Elle sentit les doigts se crisper au creux de sa paume. Elle serra plus fort.

- J'en ai plus pour longtemps, n'est-ce pas ?

- Ne dites pas ça.

- Mademoiselle Catherine, ne mentez pas. Vous ne savez pas. À votre ton, je sais tout de suite que vous ne dites pas la vérité.

Catherine se tut, ne sachant quoi répondre.

- Est-ce que vous pourriez trouver du papier et un crayon ? Je voudrais vous dicter une lettre pour ma femme ?

- Je vais chercher ça.

Elle alla fouiller son sac, prit une feuille du carnet dans lequel elle écrivait à son père, et revint.

- Je vous écoute.

Il humecta ses lèvres craquelées, chercha son souffle et commença, d'une voix confidentielle.

" Mon amour, c'est la dernière fois que je te parle. Nous aurions pu faire encore tant de choses ensemble. Mais ma destinée était autre. Je voudrais vous dire encore combien je vous aime toutes les deux et combien je suis triste de vous quitter. Ma petite Amélie, tu vas devenir une belle jeune fille. Hélas ! Je ne peux que l'imaginer. J'espère que tu seras heureuse. De là-haut, je te verrai peut-être. Et toi, mon épouse adorée, si tu trouves un brave homme qui t'aide à élever notre Amélie, surtout, n'hésite pas. Je vous embrasse très, très fort. Jean."

Sa voix se cassa sur le dernier mot. Catherine resta le crayon en suspens, à le regarder, les yeux pleins de larmes. La tête du blessé avait roulé sur le côté. Dans sa paume, il lui sembla que les doigts étaient plus inertes.

- Monsieur Jean, appela-t-elle doucement en se penchant au-dessus de lui.

Aucune réaction. Alors, elle sortit un petit miroir de sa poche, le promena lentement devant les narines de l'homme. Aucune buée n'y apparut. Elle se redressa, le regard fixe. Combien en avait-elle vu mourir de ces hommes depuis qu'elle était ici ?

- Catherine !

Elle se retourna. L'infirmière en chef lui faisait signe d'approcher.

Elle ôta doucement la main de Jean de la sienne et se détourna.

- Voilà, c'est fini, balbutia-t-elle en rejoignant l'infirmière.

- Si chaque fois, ça te met dans cet état, tu ne tiendras pas le coup, mon petit, conseilla cette dernière.

- Oui, je sais. Mais c'est une vie qui s'en va.

- Autour de nous ce sont des milliers de vies qui s'en vont dans cette monstruosité qu'est la guerre… Il y a quelqu'un qui te demande.

- Moi ?

- Oui, toi. Tu t'appelles bien Catherine Corseaux ? Donc, c'est bien toi.

Elle se hâta vers la porte de l'immense hangar. Les blessés ne cessaient d'affluer. Elle devait souvent se ranger pour laisser passer les brancards. À contre jour, elle ne voyait qu'une silhouette devant la porte. Mais quand il se retourna, son cœur cogna un grand coup. Les jambes soudain fauchées par l'émotion, elle s'immobilisa. À trois mètres de distance, leurs regards se fouillaient, se reconnaissaient.

Enfin, elle se précipita en criant :

- Jules !

Soudain, ce décor de misère humaine avait disparu. Elle ne voyait que son frère qui lui souriait en tendant les bras. Elle s'y blottit.

- Oh ! Jules… Jules…

Il ferma les yeux en la serrant contre lui. Quel bonheur de la retrouver. Ils restèrent ainsi plusieurs minutes enlacés, sans bouger. Enfin, ils se regardèrent. Catherine avait l'air plus âgée avec ses longs cheveux ramenés en un chignon sage sur la nuque, sous le fichu blanc. Elle était bouleversante, même si cette blouse blanche, sans forme, ne l'avantageait guère. Jules passa un doigt délicat sur la joue de sa sœur.

- Tu as une petite mine fatiguée.

- Et toi, tu as l'air en pleine forme.

- Oui, ça va, après ces mois de congé forcé.

- Cette cheville ?

- On n'en parle plus.

- Mais comment es-tu là ?

- J'ai demandé ton secteur.

Le regard de Catherine s'affola.

- Mon dieu, tu y retournes ?

- C'est mon métier, Catherine. Il faut que quelqu'un témoigne de ce qui se passe. Et toi, quelle folie ! Maintenant, tu vas m'écouter et rentrer sagement à la maison. Ta place n'est pas ici. Tu es trop jeune.

Elle se pencha et murmura à son oreille :

- Je leur ai dit que j'avais 16 ans.

- Mais tu es complètement inconsciente.

- Ils ont besoin de nous et je ne crains rien. Il y a une énorme croix rouge peinte sur le toit du hangar, qui nous signale aux bombardiers.

Un coup de klaxon les interpella. Jules tourna la tête vers le véhicule militaire qui l'attendait.

- Il faut que j'y aille.

- Comment as-tu trouvé père ? demanda Catherine.

- Triste, et fatigué.

- Quelques fois, je m'en veux de l'avoir laissé.

- C'est pourquoi il faut rentrer, Catherine.

- Je vais y songer, répondit-elle en se blottissant contre lui.

Ils s'embrassèrent une dernière fois.

- J'essaierai de revenir dans peu de temps, promit Jules en courant vers le camion qui déjà ronronnait.

## 12

Les mois passaient, pareils les uns aux autres. Escamouches de tranchée à tranchée, batailles acharnées pour prendre un village qui, demain, ou dans une semaine, serait perdu.

À la mitraille, aux piqués de l'aviation très active, s'ajoutait depuis avril, la terreur de la guerre chimique. Ces nuages de gaz toxiques qui se répandaient au-dessus des tranchées, faisant tousser, étouffer, asphyxier les hommes. Ceux qui en réchappaient avaient les poumons démolis.

La grande offensive combinée en Artois et Champagne était enfin déclenchée. Il s'agissait de défendre Verdun.

Dans le secteur de la 4ème armée, le front d'attaque prévu n'était que de 10 kilomètres de long.

- Allez, on se presse, on serre les rangs, criaient les sergents et les sous-lieutenants.

Les artilleurs mettaient les pièces en place. Jules, comme les autres, aidaient les chevaux à tirer les lourds canons dans cette terre gorgée d'eau. Les engins de mort s'alignaient à perte de vue.

- Bon sang, j'ai jamais rien vu de tel. Y en a combien ? marmonna un poilu qui soufflait à côté de Jules.

- 1300, répondit ce dernier.

Devant la mine effarée du soldat, il crut bon de préciser.

- Qu'est-ce que tu veux, un journaliste ça va chercher les réponses aux questions que tous se posent. Sur le terrain et à l'arrière.

- Ah ! C'est le capitaine qui t'a tout dit ? Je t'ai vu discuter avec lui.

- Eh ben, ça va péter ! Je préfèrerais vraiment être ailleurs, bredouilla un autre, tremblant déjà.

Derrière l'alignement de canons, ils étaient tous en attente de l'attaque imminente.

Les doigts se crispaient sur les fusils, les yeux piquaient à force de sonder la plaine.

Jules s'était assis sur une pierre et griffonnait sans relâche. Le titre de son article aujourd'hui : "la grande offensive". Il regarda ces hommes dans l'attente de la victoire ou de la mort. Ses yeux parcoururent cette terre qui, dans quelques minutes, serait imbibée du sang de tous ces braves autour de lui.

L'attente les rendait nerveux, exacerbait la peur qui avait tout le temps de monter le long de la colonne vertébrale, de s'installer au creux de l'estomac. Jules tremblait à l'unisson.

- Qu'est-ce qu'ils attendent pour nous expédier à la boucherie ? balbutia un des hommes.

Il se tourna vers Jules.

- Toi, le scribouillard, tu devrais le savoir.

- Non. Je ne sais pas tout.

Ce n'est que vers 16 heures que les ordres fusèrent tout le long de la ligne de front. La peur qui s'était assoupie dans ces heures d'attente reprit le dessus. Jules se redressa pour voir les sections d'assaut s'élancer. Le pilonnage d'artillerie entra en action. Il pinça le nez : cette odeur de poudre, vraiment il ne s'y faisait pas. Les mains sur les oreilles n'atténuaient que légèrement le choc assourdissant des explosions qui martelaient la tête et le crépitement des mitrailleuses devenait un rythme obsédant.

En équilibre sur le remblai, il observait ce déferlement d'hommes courant sous la mitraille, chacun priant pour que la balle ne soit pas pour lui.

Il connaissait leur peur qui nouait l'estomac. Quelle horreur que cette guerre… Il descendit de son perchoir, s'assit par terre et reprit son cahier.

" Nous voici en première ligne, écrivit-il. La bataille vient de commencer. Les hommes se sont élancés avec vaillance, malgré la peur qui crispe le ventre. Leurs bottes s'enfoncent dans la boue, s'y collent, demandant un effort à chaque pas. Avec, toujours, la crainte de la balle qui fauchera une vie. Il faut…"

Son crayon resta en suspens. Un autre grondement, régulier, venant du lointain, lui fit lever le nez en l'air. Dans le ciel assombri par la fumée des tirs, deux avions allemands venaient de surgir. Des Taubes ! Surnommés ainsi à cause de leur silhouette qui ressemblaient à des pigeons, "taube" en allemand.

Il rangea son cahier et son crayon dans sa poche et se leva, le cœur battant un peu plus vite. Les appareils, rapides, survolaient le champ de bataille en mitraillant en continu. Ils prendraient la tranchée en enfilade.

Dégoulinant de sueur, de cette sueur malsaine engendrée par la trouille, il se terra dans un trou, se tassant le plus possible. Se faire petit, invisible our échapper au tir aveugle.

Il savait que dans le champ au-dessus les hommes se tordaient sous la mitraille en des acrobaties grotesques avant de s'effondrer dans la boue.

Mon dieu… les pauvres bougres… tirés comme des lapins.

- Tir sur les taubes… Descendez-les ! s'égosillaient les officiers en courant d'un canon à l'autre.

Jules releva le nez. Les fûts furent levés vers le ciel. Là-haut, les deux Taubes s'amusaient, évitant habilement les projectiles, sans cesser de pilonner la plaine, où les poilus tombaient les uns après les autres.

- Mon dieu… Quel carnage, murmura Jules, les larmes aux yeux.

Soudain, un des avions fonça sur la ligne de tir qu'il prit en enfilade sous le feu de ses mitrailleuses. Jules s'aplatit contre le sol boueux, ferma les yeux, crispa les mains sur ses oreilles, attendant la mort. Mais l'avion passa, remonta vers le ciel gris. Jules se redressa. Le canonnier à ses côtés était effondré sur le canon. Il se précipita, releva le soldat. Mais pour lui, la guerre était finie.

Les deux avions avaient abandonné, mais devant, la bataille faisait toujours rage. Les hommes, maintenant loin de la tranchée, approchaient des lignes allemandes.

Jules reprit son cahier, son crayon.

"Va-t-on vers la victoire ? Mais quelle victoire ? Un bois pris, un bout de champ récupéré à l'ennemi, au prix de combien de vies ? Et demain, ce terrain conquis avec le sang, sera peut-être à nouveau allemand."

Le ronflement des deux avions emplit à nouveau l'espace sonore. Jules leva la tête. Ils piquaient droit sur eux.

- Couchez-vous ! cria-t-il aux canonniers.

- Attends ! Je vais en avoir un, je te jure,

L'homme se jeta comme un fou sur son arme et tira plusieurs coups.

- Oui ! je l'ai eu ! s'écria-t-il en levant les bras en signe de victoire.

De la queue d'un des avions , un panache de fumée noire s'échappa. L'appareil tangua quelques secondes, puis partit en vrille, en piquant vers le sol au-dessus d'un bois. Jules se précipita hors de la tranchée.

- Où tu vas ? cria le soldat. T'es complètement fou.

Mais Jules ne se contrôlait pas. Il courait droit vers l'endroit où l'appareil allait s'écraser. Un bruit énorme de tôles froissées couvrit un instant la fureur de la bataille. Le sol trembla sous ses pieds quand le Taube toucha terre et un panache de fumée, de feuilles hachées, de branches brûlées, envahit l'espace retomba sur sa tête et ses épaules. Il n'y prit pas garde.

L'avion s'était écrasé dans le petit bois. Courant en baissant la tête pour éviter les branches basses, il stoppa bientôt devant un enchevêtrement d'arbres fauchés, couchés sous les débris de l'avion. Des tôles arrachées, le pilote sortit en titubant.

Jules, le cœur soudain affolé, comprit son inconscience. L'Allemand, en face, releva la tête et vit ce garçon, immobile, à quelques mètres de lui. Pendant d'interminables minutes, ils s'observèrent, aussi tremblants l'un que l'autre.

Jules, enfin, écarta les bras pour bien lui montrer qu'il n'avait aucune arme. Le pilote eut un léger hochement de tête et doucement, il s'affala dans les herbes folles.

Oubliant toute prudence, n'écoutant que son cœur, Jules courut vers lui. Il le souleva, évanoui. Du sang coulait d'une entaille profonde au front. Il lui ôta ses lunettes, son casque. La blessure n'était pas belle. L'os était enfoncé, le front coupé en deux.

Une blessure, aussi affreuse que toutes celles infligées par cet Allemand aux Français. Le sang lui dégoulinait dans les yeux.

Jules chercha un mouchoir dans ses poches pour compresser la plaie et arrêter le sang, mais sans succès.

Cet homme allait se vider dans ses bras s'il ne faisait pas quelque chose. Ami ou ennemi, peu importait. Il fallait le sauver.

Pour Jules ce n'était qu'un homme souffrant, comme tous ceux qu'il côtoyait chaque jour depuis tant de mois. Un homme qui avait besoin d'aide.

Avec beaucoup de difficulté il le chargea sur son dos. L'hôpital de campagne dans lequel Catherine exerçait n'était qu'à 3 kilomètres.

## 13

Jules peinait. Le pilote était lourd. Il avait repris connaissance et geignait doucement, comme une litanie. Jules aurait voulu lui dire quelques mots, pour le rassurer, mais il ne parlait pas allemand. Peut-être cet homme parlait-il français ? Il fallait essayer.

- Ne t'en fais pas, dit Jules assez fort pour que le blessé l'entende et comprenne. Je t'emmène dans un hôpital.

Sorti du petit bois, il fit glisser l'Allemand sur le sol, pour se reposer un peu. À nouveau, leurs yeux se rencontrèrent. Jules lui sourit.

- Je suis journaliste, pas soldat. On va te soigner.

Le blessé comprit-il ? Il hocha lentement la tête en esquissant un timide sourire méfiant. Il était jeune, lui aussi. 25 ans, peut-être... Jules regarda les alentours pour tenter de se repérer. Le hangar se voyait de loin. Par-delà cette terre dévastée, il aperçut quelques pauvres maisons serrées les unes contre les autres, pour la plupart à moitié écroulées, et la masse du hangar qui se détachait très visiblement.

Il chargea à nouveau le blessé sur son dos.

- Allez, on y va ! Y en a plus pour très longtemps.

Ici, c'était plus difficile. La terre, criblée de trous d'obus qu'il fallait éviter, gorgée d'eau, collait aux chaussures. Au loin, derrière lui, le vacarme de la bataille continuait.

Après une demi-heure de durs efforts, Jules atteignit enfin l'hôpital de campagne.

- Vite, un brancard. Cet homme est sérieusement touché, cria-t-il à la première infirmière qu'il croisa.

- Mais c'est un Allemand ! s'exclama-t-elle horrifiée e, reconnaissant l'uniforme.

- Avant tout, c'est un homme. Alors, faites le nécessaire.

Le ton était si autoritaire qu'elle obtempéra sans plus répliquer. Jules entra dans l'hôpital et eut un choc qui le stoppa : le hangar n'avait plus de toit. Un pan de mur entier était à moitié défoncé. Et dans ce qui ressemblait à des ruines, les médecins et les infirmières continuaient à s'affairer autour des lits où les blessés geignaient.

Il arrêta une infirmière en posant sa main sur son bras.

- Mais que s'est-il passé ? demanda-t-il.

- La semaine dernière, un avion nous a bombardés.

Les paroles de Catherine lui revinrent en mémoire. "Nous ne risquons rien. Il y a une grande croix rouge peinte sur le toit".

L'infirmière reprit avec colère :

- Pourtant la croix rouge… elle était assez visible, bon sang ! Il a bien vu de là-haut que c'était un hôpital.

Elle voulut se dégager, mais Jules la retint. Il tremblait de crainte.

- Il y a eu des blessés parmi le personnel soignant ?

- Evidemment ! Les bombes ne font pas la différence entre les soignés et les soignants.

Vite ! Il fallait qu'il voie Catherine pour dénouer l'angoisse qui lui étreignait soudain le ventre.

- Catherine Corseaux, où est-elle ?

La femme le toisa.

- C'est votre petite amie ?

- Ma sœur.

Le visage de l'infirmière se ferma.

- Où est-elle ? répéta Jules, de plus en plus paniqué.

- Elle a été blessée, répondit la femme avec réticence.

- Gravement ?
- Je ne sais pas.
- Elle est soignée ici ?
- Non. Elle été acheminée à l'arrière.
- Mais où ?
- Je ne sais pas, jeune homme. Maintenant, j'ai du travail. Laissez-moi.

Elle se dégagea et fila entre les lits.

Jules immobile, bouleversé, ne voyait plus rien. Il ne pensait qu'à sa sœur, quelque part, blessée, seule. Il fallait qu'il la retrouve.

## 14

Il faisait enfin beau. Une des premières journées de printemps. Dans le grand parc de cette propriété réquisitionnée par l'armée, les convalescents se promenaient à pas lents, précautionneux. Certains soutenus par des infirmières, d'autres d'appuyant sur des béquilles ou des cannes.

En haut d'une vaste pelouse, une jeune fille en robe claire, à fleurs, très printanière, abritée sous un chapeau de paille à larges bords, se tenait assise. Son regard se levait souvent sur les grands arbres, l'étang où évoluaient deux cygnes, pour reproduire ensuite ce qu'elle venait d'admirer sur un carnet de feuilles blanches, posé sur ses genoux.

Camille sortit du château. La manche gauche de sa veste de lieutenant se balançait, vide, au gré du vent. Son regard fit le tour du parc. Il repéra la jeune fille et, après avoir lissé sa fine moustache, il alla vers elle d'un pas faussement nonchalant.

Il s'immobilisa à quelques pas derrière elle.

- Bonjour, mademoiselle Catherine. Comment allez-vous ce matin ?

Elle se retourna à demi.

- Pas mal. Et vous-même ? Ce bras ?

- Il me fait souffrir. Je le sens, comme s'il était encore là. Il paraît que c'est normal.

Il approcha davantage et se pencha par-dessus son épaule pour regarder les dessins.

- C'est superbe, admira-t-il. Vous devriez en faire votre métier.

- Vous croyez ?

- Oui. Vous avez réellement du talent.

- Je crois que peindre des paysages toute ma vie m'ennuierait rapidement.

- Et qu'aimeriez-vous faire ?

Catherine réfléchit un instant, le crayon en l'air.

- Je ne sais pas. Je n'y ai jamais pensé, mentit-elle d'une voix douce.

Ils restèrent un instant silencieux.

- Aimeriez-vous profiter de ce beau temps pour une promenade ?

Catherine s'affola, s'empressa de refuser.

- C'est gentil à vous, mais… non.

Le lieutenant se détourna à regret. De toute façon, elle disait toujours non.

****

Jules grimpa dans la voiture du capitaine.

- Alors mon jeune ami, vous en avez assez du front, de la mitraille ? ironisa l'officier, alors que son chauffeur mettait l'automobile en marche.

- Les lecteurs ont aussi besoin de savoir ce qui se passe sur les lignes arrière, répondit Jules avec aplomb.

- Et je vous laisse où ?

- À Sainte Marie-à-Py.

Ils roulèrent aussi vite que le permettaient la route défoncée et les colonnes de soldats exténués, qui partaient à l'arrière pour un repos de quelques semaines. Ils croisaient beaucoup d'ambulances qui faisaient une navette incessante entre les premières lignes et l'hôpital vers lequel Jules se rendait.

Il aurait voulu arrêter chacune d'elles pour savoir où avait été évacuée sa sœur.

Après quelques kilomètres de soubresauts, de poussière, d'éclat de boue, la voiture du capitaine s'arrêta à l'entrée de la petite ville.

- Voilà, jeune homme. Vous êtes rendu.
- Merci, mon capitaine. Et bonne chance.
- Faites-leur de bons papiers. Qu'ils sachent, à l'arrière, que si pour eux ce n'est pas tout rose, pour nous, c'est tout noir.
- À vos ordres, mon capitaine.

Jules lui fit le salut militaire et l'automobile fila vers le quartier général de la région.

Là encore, une ville dévastée, des chaussées éventrées, des maisons écroulées. Seule, l'église, souvent, était restée debout, comme veillant les ruines. Jules se faufila dans les rues étroites jusqu'à l'hôpital.

Un de plus. C'était le troisième qu'il visitait. Parfois, comme ici, c'était un vrai hôpital; parfois ce n'était qu'une grande maison réquisitionnée dans laquelle on avait aménagé des salles de soins, de chirurgie de fortune, pour accueillir les blessés toujours plus nombreux.

Tout au long de son périple, il n'oubliait pas d'envoyer son article quotidien. Marmelon, le rédacteur en chef, était ravi de cette nouvelle orientation de la rubrique. Il ne tarissait pas d'éloges.

Jules entra dans l'hôpital. Il se dirigea vers l'accueil, dut attendre en piaffant d'impatience, que la jeune femme soit libre pour lui répondre.

- Je cherche les blessés de l'hôpital de campagne qui était installé dans un hangar, à Souain, et qui a été bombardé.

Elle chercha dans ses registres, suivant méticuleusement les colonnes de noms du bout de son index.

- Oui, dit-elle enfin. Nous avons un médecin. Salle 3, à l'étagé. Lit 12.

Jules s'y précipita. Les couloirs sentaient l'éther, la javel, le mercurochrome. Il entra dans la salle 3, chercha le lit 12. L'homme était assis dans son lit, la poitrine emmaillotée d'un large bandage. Jules approcha.

- Bonjour. Je suis Jules Corseaux. Je cherche ma sœur qui était infirmière dans l'hôpital de campagne où vous exerciez.

L'homme, d'une quarantaine d'années, le cheveu gris, leva sur lui un regard triste.

- Je ne connais pas votre sœur. Nous avons été évacués dans plusieurs hôpitaux. Les infirmières, en majorité, ont été envoyées à Saint Hilaire le Grand.

- Je vous remercie, dit Jules en prenant congé.

Depuis qu'il avait commencé sa quête, c'était la première indication sérieuse.

****

Catherine était à sa place habituelle. Son crayon courait sur le papier, léger, inspiré. La feuille blanche se peuplait de silhouettes dans des costumes extraordinaires. Elle souriait, heureuse de ce qui naissait sur le papier. Aurait-elle trouvé sa voie, maintenant qu'elle ne serait plus jamais comédienne, comme mademoiselle Renan ? Peut-être pourrait-elle lui faire de magnifiques costumes.

Une ombre se projeta sur le gazon, devant elle.

- Non, lieutenant, dit-elle gentiment, sans se retourner. Vous irez seul à la promenade.

- Je ne suis pas lieutenant, et ne le serais sans doute jamais.

Cette voix ? Tout son être frémit. Elle se raidit, se retourna à demi, en prenant soin de cacher son visage sous le grand chapeau.

- Jules ? murmura-t-elle, sans y croire.

Deux bras entourèrent ses épaules. Elle prit ces mains, les serra entre les siennes. Jules se pencha, déposa un baiser dans son cou. Il fit le tour de la chaise, pour lui faire face. Elle se détourna, en balbutiant : "non".

Il se crispa.

- Catherine, c'est moi, ton frère, dit-il doucement.

- Je sais. Mais ne me regarde pas.

- Tu veux me faire une surprise ?

- On peut dire cela comme ça, fit-elle d'une voix si triste, si brisée dans un sanglot retenu, qu'il s'alarma.

- Que se passe-t-il ?

Impossible de le lui cacher plus longtemps. Alors, elle releva lentement la tête, rejeta son grand chapeau de paille en arrière et montra son visage en plein soleil.

Le sang de Jules se glaça. Catherine, sa Catherine, si jolie, sur laquelle les hommes sur le boulevard se retournaient, sa petite sœur était défigurée. Une large cicatrice rouge barrait sa joue droite du menton à l'arcade sourcilière.

Voilà ce qu'avait fait la guerre.

## 15

Jules tétanisé ne pouvait détacher ses yeux de cette rayure rougeâtre, boursouflée qui défigurait le si joli visage de Catherine. Elle eut un pauvre sourire.

- Eh bien, quoi, ne fais pas cette tête, fit-elle d'une petite voix courageuse. La cicatrice est très laide, mais elle va s'atténuer, petit à petit. Les médecins me l'ont affirmé. On m'appellera Catherine la Balafrée. Tu sais comme le duc de Guise quand nous apprenions l'Histoire de France, à l'école. Et puis quoi, c'aurait pu être pire. Je suis en vie. Beaucoup de mes camarades n'ont pas eu la chance d'en dire autant.

- C'est vrai, murmura-t-il.

Elle lui ouvrit les bras et il s'y jeta, s'y blottit, comme un petit enfant, déversant sur son épaule des torrents de larmes. Quand, enfin, il se calma, elle le détacha de sa poitrine et le tenant aux bras, son regard le sonda.

- Et toi, comment vas-tu ?
- Bien… bien. Ça fait une semaine que je te cherche.

En quelques mots, il lui raconta l'histoire de l'aviateur allemand qu'il avait amené au hangar dévasté.

- Et maintenant ? demanda-t-elle.
- Maintenant…

Voilà une question à laquelle il n'avait pas réfléchi. Il porta à nouveau les yeux sur sa sœur, et spontanément déclara :

- Pour nous, c'est fini, ici. Rentrons à la maison;

Il y eut un éclair de joie dans le regard de Catherine. Et soudain, ils réalisèrent. Paris... leur père.

- Papa est au courant ? demanda Jules.

Elle secoua la tête et, découragée, s'assit sur sa chaise.

- On va le lui dire en douceur, décréta son frère.

Jules s'installa sur le gazon, aux pieds de Catherine et tira son cahier de sa poche.

Catherine posa une main légère sur son épaule.

- Quitter le front, c'est très généreux de ta part, Jules. Mais toi ? Ton métier de journaliste ? C'est ici que tu l'exerces.

Il lança d'une voix gaillarde :

- Allons, je peux l'exercer aussi bien à Paris. Les sources d'intérêt ne manquent pas. Et puis, maintenant, je suis bien installé au journal. Tu ignores sans doute que je suis devenu un grand reporter dont ils ne pevent se passer. Je ferai d'autres propositions à Marmelon.

Il suça le bout de son crayon et écrivit sur une page blanche : "cher papa..."

- Et toi, demanda-t-il soudain. As-tu pensé à ton avenir ?

- Oui, bien sûr. Je suis riche de deux solutions.

Son ton était léger, faussement joyeux. Le cœur de Jules se serra. Quel courage elle montrait...

- Première solution : je peux me marier avec le lieutenant.

Jules fronça les sourcils.

- Quel lieutenant ?

- Un charmant jeune homme qui me demande chaque jour si je veux faire une promenade en sa compagnie. Il n'a plus qu'un bras, mais ça ne m'empêchera pas de me blottir contre lui, s'il est gentil. Et il en a l'air.

Jules secoua la tête.

- Non. Mauvaise solution.

- Remarque, fit Catherine. Il ne m'a jamais vue en plein jour. Peut-être que si je lui fais vraiment face, il changera d'avis. Ma cicatrice le guérira de son amour impossible.

Sa voix se cassa sur les derniers mots et elle réprima un sanglot en pensant que sans doute, elle ne se marierait jamais. Jules prit ses mains, les étreignit avec amour.

Un silence passa, puis elle continua :

- Deuxième solution.

Elle prit le carnet posé sur ses genoux et le tendit à Jules.

- Regarde à quoi je m'amuse.

Il observa attentivement les dessins.

- Mais c'est superbe ! s'écria-t-il. Tu as fait cela d'après modèle ?
- Pas du tout. C'est sorti de là, dit-elle en pointant l'index sur son front. De mon imagination.

Elle se pencha vers lui.

- Figure-toi que ça m'a donné des idées. Je ne serai plus comédienne, c'est évident. À moins d'être cantonnée dans des rôles de monstre. D'autre part, je ne connais rien en dehors du milieu du théâtre qui me plait beaucoup. Alors, je pense que je vais me lancer dans la création de costumes.
- Excellente idée ! s'exclama Jules.

Ils se regardèrent en souriant. Un sourire qui, peu à peu, s'effaça pour laisser place à un visage grave.

- Rien ne sera plus comme avant, murmura Catherine.
- Non, rien. Nous sommes sortis de l'enfance.
- Mais nous serons forts, n'est-ce pas, Jules ?
- Nous serons forts.

Ils se sourirent, puisant cette force dans leur amour et leur complicité. Puis, Jules reprit son crayon et se pencha sur sa feuille.

"Mon cher papa…"

## 16

Gaston serrait ses deux enfants contre lui. Des larmes silencieuses mouillaient ses joues.

- Quel bonheur de vous avoir tous les deux, murmura-t-il.

Quand il avait ouvert la porte, son regard avait glissé sur la cicatrice de Catherine. Il avait tant pleuré quand il avait lu, dans leur lettre, le malheur qui avait frappé sa fille chérie. Il ne voulait pas la voir. Pour lui, elle serait toujours la plus jolie fille du quartier.

Resteraient-ils longtemps ? Non ! Il ne voulait pas se poser la question, ternir ce moment. Il fallait vivre le présent à fond.

Jules s'écarta.

- On va fêter ça ! s'écria-t-il joyeusement.

Le visage amaigri de Gaston s'allongea.

- Mon pauvre garçon… Avec quoi ?

Jules tira une bouteille de dessous son manteau.

- Avec ça, dit-il en la brandissant.

Catherine s'empressa de prendre trois verres dans le placard. Les verres se remplirent. Ils les levèrent.

- À nos retrouvailles, fit Jules.
- D'où sors-tu ce vin ? questionna le père.
- C'est du vin du mess des officiers. Je l'ai négocié.
- Contre quoi ?
- Du tabac… puisque je ne fume pas.

Ils trinquèrent à nouveau. Catherine observait son père. Il avait terriblement maigri. Son teint terreux, presque jaune, l'alarma. Elle posa sa main sur la manche du veston élimé.

- Tu vas bien, toi ?

Gaston haussa les épaules.

- Comme on peut aller bien en temps de guerre. Même ici, nous souffrons, vous savez. Oh ! Rien à voir avec les pauvres gars qui y laissent leur peau. Mais la vie est dure. Il faut se battre tous les jours pour obtenir quelques pommes de terre, un peu de pain, de lait, et tout ça à prix d'or.

- On est là maintenant, rassura Jules. À trois, nous serons plus forts.

- Vous restez donc ? demanda Gaston avec hésitation.

- Oui, répondit Catherine. Nous restons. À Paris, je suis certaine qu'il y a des tas de choses à faire pour combattre cette guerre.

- Oh, mes enfants… que vous me faites plaisir. J'ai eu si peur pour vous.

Leurs mains s'étreignirent par-dessus la table. Catherine sourit.

- Comme les mousquetaires : un pour tous, tous pour un !

Jules l'admira. D'eux trois, c'était elle la plus courageuse.

****

En ce début novembre, le froid piquait déjà très fort, annonçant un hiver rigoureux. Catherine, emmitouflée dans un fichu, le seau à charbon à bout de bras, descendit en courant les trois étages. Il fallait se presser si elle voulait avoir une chance d'obtenir quelques kilos de combustible.

Les minerais du nord étant aux mains de l'ennemi, le rationnement était de rigueur. Comme pour les autres denrées de première nécessité.

Elle courut jusque chez l'Auvergnat. La queue était déjà longue. Elle y prit sa place et patienta, tapant des pieds, soufflant sur ses doigts pour se réchauffer, comme les autres femmes.

Quand vint son tour, le responsable la toisa.

- T'es femme de mobilisé, t'es chomeuse, t'as un vieillard chez toi ? demanda-t-il avec arrogance.

Pour toute réponse, elle écarta son fichu de laine et lui montra sa cicatrice.

- Ça te suffit ? J'ai attrapé ça dans un hôpital de campagne où je servais. Et de plus, mon père est âgé.

- Ça va, petite, ne t'échauffe pas.

Il remplit son seau à ras bord.

- Avec ça, vous tiendrez bien deux jours, maugréa-t-il. Suivante !

Il fallait se battre ainsi avec tout : le sucre, le lait, le pain. Même la margarine qui remplaçait le beurre, rare et trop cher, devenait un problème. Ce n'était pas sans honte qu'elle exhibait sa blessure, mais c'était la seule façon d'obtenir le minimum pour survivre.

Catherine s'empressa de rentrer. Qu'allait-elle faire à souper ? C'était le même casse-tête quotidien. Il restait quelques pommes de terre, apportées hier par Jules, un peu de farine. Il lui faudrait beaucoup d'imagination.

Gaston rentra le premier. Il ôta sa casquette, se défit de sa veste et lava soigneusement ses mains, avant de s'affaler sur une chaise en buvant un verre d'eau. De violentes quintes de toux le secouaient.

Catherine, qui s'affairait au fourneau, lui jeta un coup d'œil à la dérobée. Son cœur se serra. Il paraissait si fatigué.

- J'ai préparé un bon repas, lança-t-elle.
- Je n'ai pas faim.
- Et cette toux ?... Ça fait 15 jours que tu traînes ça.
- Un mauvais rhume, sans plus.
- Il faut voir un médecin.
- Il n'y en a plus beaucoup. Et ceux qui restent sont accaparés par des cas plus urgents que le mien.

Elle vint vers lui, posa un baiser sur ses joues râpeuses.

- Il faut manger, papa.

Il secoua la tête.

- Vois-tu, je n'ai qu'une idée : aller me coucher et dormir. Qui dort dîne, c'est ce qu'on dit, non ?

Il se leva, l'embrassa.

- Toute la journée à conduire dans les rues encombrées, à faire attention à tous les obstacles, c'est épuisant. Et ce n'est plus de mon âge. À demain.
- Je commence demain, papa.

- Ah oui ! Tu vas distribuer le courrier. Ce n'est pas bon pour une jeune fille comme il faut de courir les rues.

- Papa, il n'y a plus d'hommes. Il faut bien que les femmes les remplacent. Et je préfère cela à travailler en usine, à fabriquer des obus qui vont tuer de pauvres gars.

Il hocha la tête.

- Tu as raison.

La porte de la chambre se referma sur lui. Elle regarda cette porte fermée, le visage plissé d'inquiétude. Un air qui ne l'avait pas quittée quand Jules rentra à son tour.

- Regarde ce que j'apporte.

Il déposa sur la table un paquet enveloppé dans du papier journal. Catherine le déplia. C'était un rôti de bœuf.

- Comment as-tu fait, s'exclama-t-elle.

- Débrouille ! Au journal, ils ont tous des combines. Pourquoi je n'en profiterais pas ? Père n'est pas là ?

- Il est couché. Jules…, il ne va pas bien.

- Crois-tu que je ne m'en suis pas rendu compte. Il est fatigué.

- Et il tousse depuis trop longtemps.

Catherine s'assit, mit sa tête dans ses mains en balbutiant :

- Nous n'aurions pas dû partir, le laisser seul. C'était trop dur pour lui.

Son frère secoua la tête et passa un bras autour de ses épaules.

- Non. Nous n'y sommes pour rien. Il fait un travail exténuant, dont il ignorait tout voici quelques mois. Ce qui lui demande une concentration, une attention de tous les instants. Pour son âge, c'est peut-être trop. Et les privations n'ont rien arrangé.

Un énorme coup de tonnerre suspendit leur conversation à mi-voix.

- La grosse Bertha, murmura Jules en se levant pour aller à la fenêtre. Catherine l'y suivit. Ils écartèrent le rideau, scrutèrent Paris.

- Là ! fit Catherine en tendant le bras vers l'Est.

Une épaisse fumée s'élevait dans le ciel crépusculaire et bientôt le rougeoiement de flammes monta par-dessus les toits.

- C'est à La Chapelle, dit Jules en reprenant son manteau. Il faut que j'y aille.

- Pauvres gens, balbutia Catherine en l'accompagnant à la porte.

- Je rentre le plus tôt possible, promit-il en l'embrassant.

Elle referma doucement et revint s'asseoir. La guerre n'épargnait pas la capitale. Des bombardements, par avion, où avec ce canon, que tous avaient baptisé la Grosse Bertha, du prénom de la femme de son inventeur. Que resterait-il à la fin de la guerre du beau Paris frivole ?

Soudain, elle leva la tête, anxieuse. Des ronflements dans le ciel annonçaient des avions ennemis. Puis, ce furent des portes qui claquaient dans l'immeuble et une calvacade dans l'escalier. On frappa. Catherine alla ouvrir. C'était la voisine du dessus.

- Il faut descendre, Catherine. Ils vont bombarder.

- Mais, mon père est couché.

- Il faut le réveiller. Je vais t'aider, si tu veux.

Elles entrèrent toutes deux dans la chambre. Gaston dormait bruyamment. Catherine se pencha, le secoua doucement.

- Papa... Il faut descendre à l'abri.

Il ouvrit un œil, bailla et consentit à se redresser. Par chance, trop fatigué, il s'était allongé tout habillé.

L'abri, c'était la cave où tout l'immeuble avait pris l'habitude de se réfugier à la première alerte. Pas besoin d'ajouter leur nom à la liste déjà longue des victimes des bombardements.

Là, dans cet espace réduit, humide, mal éclairé par quelques bougies, on tuait le temps et l'angoisse comme on pouvait : en chantant, en jouant aux cartes, ou aux dès.

- Où est Jules ? demanda Gaston quand ils eurent trouvé un coin pas trop inconfortable.

- La grosse Bertha a encore tonné. Il y est allé.

Le canon avait éventré une maison sur le boulevard de la Chapelle. Quand Jules y arriva, ce n'était que larmes et consternation. Un photographe du journal prenait photo sur photo.

- Il y a des morts ? demanda Jules.
- Oui. 3. Un couple et son enfant. L'obus a pulvérisé leur appartement.

Jules enjamba les décombres déversés sur la chaussée et commença à faire le tour des dégâts pour décrire le désarroi des habitants.

Depuis son retour du front, il parlait aux Parisiens des difficultés du quotidien, tentant de leur remonter le moral, de trouver des astuces pour que cette vie soit moins dure.

Quand il rentra enfin à Saint Ouen, au milieu de la nuit, il eut la surprise de trouver Catherine encore debout.

- Tu m'attendais ?
- C'est père. Nous nous étions réfugiés à la cave pendant l'attaque aérienne. Les voisins ont dû l'aider à monter jusqu'ici.

Elle étouffa un sanglot.

- J'ai l'impression qu'il s'affaiblit d'heure en heure. Il me tardait que tu rentres.

Jules la serra contre lui. Ensemble, ils entrèrent dans la chambre. La respiration de Gaston s'était atténuée au point qu'on ne l'entendait presque plus. Le cœur plein d'appréhension, main dans la main, ils approchèrent du lit et se séparèrent chacun d'un côté.

La gorge sèche, Catherine retenait ses larmes. Elle avait si peur. Jules, les yeux exorbités, ne se faisait aucune illusion. Il en avait trop vu des morts. Il savait. Tout son être se crispait de désespoir. Et il aurait voulu crier à l'injustice.

Le père, sentant leur présence, ouvrit les yeux et tenta un pauvre sourire.

- Mes enfants… articula-t-il, péniblement.

Ses mains se soulevèrent du drap pour se tendre vers eux. Chacun en prit une. Il les serra faiblement.

- Je vous aime tant. J'ai beaucoup de peine de vous quitter.
- Mais… papa… balbutia Catherine, la voix enrouée de sanglots.
- Non… Tu sais bien que je dis vrai. Je vais rejoindre votre chère maman. De cela, je suis heureux.

Il tourna la tête vers Jules.

- Je te confie ta sœur. Évite-lui les embûches de la vie, autant que tu peux.
- Papa, je…
- Laissez-moi maintenant. Je veux dormir.

Catherine se pencha sur son front, y déposa un baiser et sortit de la chambre sur la pointe des pieds, pendant que Jules embrassait son père, à son tour.

Ils se retrouvèrent tous les deux, assis à la table, silencieux, graves.

- Ce n'est pas possible, dis ? balbutia Catherine. Père dit n'importe quoi ?… Eh bien ! Dis quelque chose. Rassure-moi !

- Il est fatigué. Après une bonne nuit, demain, il n'aura plus ces idées noires.

Et il détourna rapidement les yeux pour qu'elle ne puisse y déceler le mensonge.

Quand, au matin, Catherine ouvrit la chambre pour porter un peu de café à son père, il était parti rejoindre son épouse, les laissant orphelins.

## 17

L'an 1917 arriva sans grand changement dans le déroulement de la guerre et dans la quête aux provisions et au charbon. Restrictions, tristesse, désespoir à l'arrière; mitraille, blessés, morts, désespoir sur le front. Les soldats allemands et français se terraient dans les tranchées, jouaient parfois aux héros. Mais que ce soient les grandes offensives militaires ou les escarmouches journalières, rien de décisif.

Il y avait eu la terrible bataille de Verdun qui s'était éternisée sur près de 10 mois. Un carnage, sous une débauche de bombardements d'une intensité jamais égalée.

Les Français suivaient le déroulement de la bataille sur les journaux. Pas une famille qui ne pleure un mort, un blessé, un estropié, un gazé, un défiguré, ceux que l'on appelait déjà "les gueules cassées".

Jules avait acquis une place importante au journal. Il relatait que le président Raymond Poincarré avait appelé à la tête du gouvernement, Georges Clémenceau, surnommé "Le Tigre", qui redonnait confiance à la nation, en prônant une guerre totale, jusqu'au bout, face à l'envahisseur. Il parlait des restrictions, des retours des blessés, du travail accompli par les femmes qui, à tous les postes, remplaçaient les hommes partis sur le front. Il y avait ici autant à raconter que sur le front.

Catherine parcourait les rues de Saint Ouen, chaque matin, un lourd sac en bandoulière pour distribuer le courrier. Des nouvelles désespérantes des pauvres gars qui continuaient à alimenter la voracité de la guerre.

Chacun suivait sa route, tant bien que mal, s'épaulant, essayant de survivre après la mort brutale du père.

Ce matin-là, dans le courrier à distribuer, Catherine repéra une lettre qui lui était adressée.

"Chère petite, pour oublier les désastres de la guerre, les théâtres rouvrent les uns après les autres. Les Variétés n'échappent pas à ce renouveau. Nous vous attendons, toi et ton père, ce mercredi 10 février 1917."

La lettre entre les mains, Catherine resta songeuse. Revenir au théâtre ? Pour leur montrer son visage dont on ne voyait plus que cette cicatrice profonde qui tardait à s'estomper ? Dans ce milieu si prompt à l'ironie méchante elle savait déjà qu'elle ne serait que « la Balafrée ».

Elle se leva, alla chercher, dans le tiroir de sa table de nuit, les dessins qu'elle avait fait pendant sa convalescence. Il y avait de l'idée là-dedans. Elle se posa devant son miroir, observa son visage longuement, n'arrivant pas à se décider, partagée entre le désir de renouer avec ce milieu de théâtreux qu'elle aimait tant, et la crainte que ce milieu frivole n'accepte pas sa "gueule cassée".

Quand Jules rentra ce soir-là, elle lui tendit la lettre sans mot dire. Il la lut et la regarda. Il comprenait les sentiments contradictoires de sa sœur.

- De toute façon, il faut y aller pour annoncer la disparition de père.
- Tu as raison, murmura-t-elle.

C'était la bonne raison qu'il avait fallu lui donner pour qu'elle se décide.

****

Le boulevard avait perdu de sa légèreté et de son insouciance, mais il y avait toujours autant de monde. Des gens à la mine plus grave, préoccupée, quelques fois triste.

Il semblait à Catherine qu'il y avait un siècle qu'elle déambulait, radieuse, sûre de sa beauté, au bras de son frère.

Ce mercredi, elle avait mis un fichu sur ses cheveux couleur miel; un fichu qui cachait à moitié son visage qu'elle tenait baissé, les yeux sur le trottoir.

Les regards des hommes, s'ils se posaient sur elle, ne seraient plus emplis d'admiration, mais de répulsion. Autant éviter.

C'est avec appréhension qu'elle franchit la porte de l'entrée des artistes du théâtre. Elle s'immobilisa, le cœur serré, devant le guichet du portier. Plus jamais, elle ne sauterait au cou de son père; plus jamais, elle ne lirait l'amour dans ses yeux. Elle soupira, essuya vivement ses larmes et monta à l'étage lentement, le cœur un peu chaviré. Comment allaient-ils l'accueillir ?

Directeur, metteur en scène, musiciens, machinistes, artistes, tous étaient réunis sur la scène. Catherine émergea des coulisses timidement.

- Ah ! Voilà ma petite habilleuse, s'écria Melle Renan en se levant pour lui tendre les bras. Approche… Approche…

Toujours resplendissante, remarqua la jeune fille, en admirant l'aisance de la comédienne, son élégance sous le grand chapeau à plumes chamarrées. Elle, plus jamais elle ne serait une belle jeune femme.

Catherine approcha, hésitante. La comédienne la serra contre elle et le fichu glissa sur ses épaules Catherine se crispa, esquissa un geste pour le remettre en place. Mademoiselle Renan lut la panique dans ses yeux. Tant pis ! De toute façon, il fallait affronter. Catherine soutint le regard de la comédienne.

Melle Renan s'écarta d'elle.

Ses yeux se fixèrent immédiatement sur la balafre. Catherine y lut de l'horreur, puis de la compassion. La comédienne n'ignorait pas que la jeune fille ambitionnait une carrière comme la sienne. Hélas ! Pour elle, c'était fini. Mais elle ne dit pas un mot, sourit.

Les autres n'avaient pas bougé. Aucune question ne fut posée. Elles viendraient sans doute plus tard. Il fallait leur laisser digérer le choc.

- Nous sommes heureux de te revoir. Et ton père ?

Catherine dut expliquer la douloureuse disparition.

- Quel malheur cette guerre, marmonna le régisseur. Et ton frère ?

- Il a été correspondant permanent de l'Humanité sur le front. Moi, j'y étais infirmière.

Voilà… ! L'explication était donnée.

On s'empressa de discuter des conditions de la reprise. Le directeur voulait monter une revue. Un spectacle léger, avec musique et danses.

- Mais il faut des décors, des costumes, se lamentait-il. Et la pénurie est grande. Plus de bois, plus de tissus. Comment faire ?

- Réutiliser les anciens costumes, suggéra Melle Renan.

Le metteur en scène haussa les épaules.

- Impensable ! Nous ne ferions pas dix représentations. Le public croirait qu'on se moque de lui. Il faut lui donner du neuf.

- Du neuf avec du vieux, c'est possible, osa Catherine d'une petite voix timide.

Tous les yeux se tournèrent vers elle. Elle poursuivit :

- Si vous ne voulez pas réutiliser les anciens costumes comme tel, il faut les réaménager.

Ils se regardèrent tous.

- Ce n'est pas bête, admit le directeur.

- Une belle idée. Mais qui va la réaliser ? Notre costumière a fait comme toi : elle s'est engagée comme infirmière, objecta le metteur en scène.

- Il y a Marion Duranger.

- Trop vieille ! s'écria-t-il.

- J'essaie tout de même de la joindre, répondit le directeur en sortant de scène.

Catherine n'avait rien osé ajouter. Mais il y avait là une opportunité à saisir.

- Je vais recenser les costumes, lança-t-elle en disparaissant à son tour.

Dans la loge de Melle Renan, tout était resté en l'état. Elle retrouva facilement sa trousse de couture. Elle ouvrit la penderie. Les costumes des trois dernières pièces étaient suspendus côte à côte. Catherine en choisit deux qu'elle étala au milieu du tapis.

À genoux devant une robe de velours grenat rebrodé d'or et une autre en mousseline blanche et rose, elle réfléchit. Dans sa tête se dessinait un nouveau costume : jupe de velours, guimpe de mousseline, des rubans dorés, quelques fleurs. Allez, il fallait oser.

Armée d'une paire de ciseaux, sans la moindre hésitation, elle attaqua la réalisation de ce qu'elle avait en tête.

Elle travaillait vite, assise par terre. Elle taillait, assemblait, bâtissait suivant son idée. En deux heures, elle confectionna un nouveau costume qui ne ressemblait en rien aux deux anciens. Par bonheur, Melle Renan ne s'était pas montrée. Elle prit la robe dans ses bras et descendit sur scène. Assis en rond, le metteur en scène, Melle Renan, le compositeur, le décorateur, discutaient ferme.

Catherine toussa discrètement pour signaler sa présence. Son cœur s'était emballé. Ce devait être cela le trac... Si ça n'allait pas leur plaire ? Si le directeur entrait dans une violente colère parce qu'elle avait détruit deux costumes ? Pire... S'il allait la mettre à la porte ?

- Ah ! Te voilà, fit la comédienne. Alors, comment sont les costumes ? Très défraîchis, n'est-ce pas ?

Pour toute réponse, Catherine déploya la robe devant elle.

- Qu'est-ce que c'est que ça ? s'écria Melle Renan. Je n'ai jamais mis ce costume.

- Et pour cause, mademoiselle. Je viens de le confectionner avec deux anciens.

- Mais c'est merveilleux, s'écria le metteur en scène en se levant pour l'examiner de plus près.

La comédienne en avait fait autant. Ils palpaient le tissu, auscultaient la robe sur toutes les coutures.

- C'est joli, c'est ingénieux, c'est nouveau, inattendu, conclut enfin le metteur en scène.

- Et c'est toi qui en a eu l'idée ? demanda Melle Renan.

- Oui.

La comédienne se tourna vers le metteur en scène.

- Eh bien, je crois que nous l'avons notre revue. Et, à partir de ce jour, je ne veux pas d'autre costumière que Melle Corseaux.

Le directeur était revenu. Il donna de la voix.

- Joséphine ! Vous n'y pensez pas. D'ailleurs, je viens d'envoyer un télégramme à Marion Duranger. Elle sera là demain.

- Et moi, je n'y serai plus.

- Comment ?

- Si ce n'est pas Melle Corseaux qui fait les costumes de la revue, je déménage aux Bouffes. Ils m'ont d'ailleurs fait des propositions très alléchantes.

Le directeur et le metteur en scène s'isolèrent pour discuter.

- D'accord ! acquiesça le directeur, à contre cœur. Mais si la revue est ratée, vous en portez la responsabilité.

- Avec joie !

Elle prit la main de Catherine.

- Mais elle ne le sera pas. Ces costumes originaux vont faire courir tout Paris.

****

- Salut la compagnie, cria Jules en quittant la salle de rédaction.

- Quoi ? Tu t'en vas déjà ? s'étonna monsieur Chambon, l'homme aux manchettes de lustrine.

- Oui, monsieur. Ce soir est un soir important.

- Oh ! Tu te fiances ?

- Il ne s'agit pas de moi, mais de ma sœur.

Il claqua la porte, dégringola les escaliers, passa si vite devant le portier, en bas, que celui-ci n'eut même pas le temps de rouspéter.

Il sauta dans le premier omnibus qui montait vers Clichy et Saint Ouen. Les trois étages furent avalés avec la même impatience. Il ouvrit la porte de l'appartement. Catherine préparait le repas du soir.

- Alors ? s'écria-t-il en ôtant sa veste.

- Alors ?

Sa sœur éclata de rire.

- On vient de me demander en mariage !

- Quoi ?

- Oui, Marcel, celui du deuxième étage. Il est rentré du front. Gazé. Et ce matin, il était sur le pas de la porte quand je suis rentrée de ma tournée.

- Il t'attendait ? Quel beau parti ! ironisa son frère.

- N'est-ce pas ? C'est pour cela que j'ai dit oui.

Jules sursauta.

- Tu n'as pas fait ça ?

- Je préfère rester vieille fille !

- La question est donc close.

Il scruta sa sœur. Si elle ne lui en avait pas parlé spontanément, c'est que ça n'avait pas marché, se dit-il. Il demanda, cependant, timidement :

- Et au théâtre ?

Catherine lâcha la louche, croisa ses mains d'une façon précieuse et du bout des lèvres, proféra :

- Je vous prie, monsieur, d'être un peu plus déférent avec la costumière de Melle Renan.

- Oui ! Ça a marché !

- Et plus question de "mon petit, passez-moi ma brosse… mon petit, où sont mes chaussures… Par un coup de baguette magique, je suis soudain devenue Melle Corseaux.

Elle tourna sur elle-même en répétant :

- Melle Corseaux… Je ne veux pas d'autre costumière que Melle Corseaux…

Jules la souleva de terre et continua à la faire tournoyer en scandant avec elle :

- Melle Corseaux… Melle Corseaux.

Il la reposa et ils restèrent face à face, toujours enlacés.

- Père serait fier de toi, murmura Jules d'une voix émue.
- Non. Il serait fier de nous.

Ils s'embrassèrent. Puis, Catherine mit la table et pendant le repas, elle lui raconta par le menu comment ça s'était passé.

- J'aurais voulu faire un bon gâteau pour fêter cela. Comme quand ton premier reportage a été accepté. Tu te rappelles ?
- Oui…
- Hélas ! Je n'ai plus un gramme de farine. Et pas moyen d'en trouver.

Jules se leva.

- Dommage pour le gâteau. Mais que ça ne nous empêche pas de danser.

Il lui tendit les bras. Et ils fredonnèrent une valse en dansant. Catherine éclata de rire.

- Tu chantes toujours aussi faux !
- Eh oui ! Mais j'écris juste !

Il l'observait en tournant autour de la table.

"Je te confie ta sœur. Evite-lui les embûches de la vie", avait dit son père.

Catherine n'avait pas besoin de tuteur. Et un jour, il en était certain, un brave garçon saurait reconnaître la beauté des yeux, le soyeux des cheveux, cette grâce intacte. Et la cicatrice ne serait plus qu'une mince ligne blanche en travers de la joue.

Même en ces temps difficiles, il ne fallait jamais désespérer de la vie.

Printed by Books on Demand GmbH, Norderstedt / Germany